OBER ÖSTERREICH

Text von Christoph Wagner

Mit 92 Farbbildern nach Photographien von
Franz Hubmann, Gerhard Trumler u. a.

ÖSTERREICH IM BILD

Verlag Christian Brandstätter

INHALT

OBERÖSTERREICH

Im „Lande ob der Enns“, wie Oberösterreich früher gerne genannt wurde, gibt es fast nichts, was es nicht gibt. Oberösterreich bietet seinen Gästen dichtbewaldete Hügel ebenso wie weitläufiges Flachland. Es nennt romantische Flußtäler genauso sein eigen wie große, warme Badeseen. Es verfügt über Wälder, in denen man nach Herzenslust Schwammerlsuchen kann, wie auch über hochgebirgige Gletscherregionen für Bergsteiger und Tourenskifahrer. Oberösterreich ist jedoch auch eine alte Kulturlandschaft, die Kunstfreunde aus aller Welt anzieht. Im Westen grenzt Oberösterreich an Bayern. Das Innviertel, gebildet aus den drei westlichen Bezirken, war bis vor 200 Jahren noch Teil bayrischer Lande. Auch die nördliche Grenze des Bundeslandes ist eine Staatsgrenze, nämlich zur CSSR. Im Osten schließt sich Niederösterreich harmonisch – sowohl, was Landschaft als auch, was Kultur betrifft – an Oberösterreich an. Und im Süden bilden Dachstein, Totes Gebirge und die Ennstaler Alpen die Grenze zur Steiermark, während der Südwesten des Landes ins Salzburgische mündet.

Landschaftlich ist Oberösterreich in vier Viertel gegliedert. Nördlich der Donau erstreckt sich das waldreiche Mühlviertel. Im Einzugsgebiet zwischen Donau und Inn findet man das Innviertel mit dem Sauwald. Daran schließt sich der Bergrücken des Hausruck, der dem Hausruckviertel seinen Namen gibt. Und das Einzugsgebiet der Traun, zu dem auch weite Teile des oberösterreichischen Salzkammerguts gehören, bildet das Traunviertel.

Oberösterreich ist schon in prähistorischer Zeit besiedelt gewesen. Am Mondsee fand man Reste von Pfahlbauten. Und die ältere Eisenzeit ist heute weltweit nach den Funden um den Hallstätter Salzberg als „Hallstattkultur“ bekannt. Zur Römerzeit war Oberösterreich ein Teil der Provinz Noricum. Und wo sich einst das Römerkastell Lentia bei Lauriacum erhob, steht heute die oberösterreichische Landeshauptstadt Linz.

Nach dem Abzug der Römer wurden weite Teile Oberösterreichs bairisch. Und als 955 nach der „Schlacht am Lechfeld“ erstmals der Name „Österreich“ geprägt wurde, galt Oberösterreich eine Weile als Pufferstaat, bis es 1156 mit der Erhebung Österreichs zum Herzogtum offiziell Teil dieser Region wurde, damals freilich noch unter dem alten Namen „Traungau“.

Geschichte hat Oberösterreich vor allem während der Zeit von Reformation und Gegenreformation gemacht. Die Bauernkriege der Jahre 1625 und 1626 wurden hier mit erbitterter Härte ausgetragen. Nach der Niederlage der reformierten Bauern begannen die Klöster dann mit Erfolg ihr gegenreformatorisches Wirken, dem Oberösterreich – heute überwiegend katholisch – einige seiner schönsten Kunstschätze verdankt.

Blick vom Linzer Schloß auf das Neue Rathaus in Urfahr. – View from the Castle to the City Hall in Urfahr. – Vue du château sur la nouvelle mairie du bourg d'Urfahr.

STÄDTE

Auch Städte sind Landschaften

„Vor den Augen des Wanderers glänzten die blankgehaltenen, gelben Turmknöpfe in der Nachmittagluft und schimmerten die weißgetünchten Wände der Häuser, die geschnitten waren durch die grünen Fensterläden und gehoben durch das leuchtende Grün der neben ihnen ansteigenden Berge, die gegen Sonnenuntergang die Donau umstehen und sie verengen."

Was der oberösterreichische Dichter Adalbert Stifter über die Landeshauptstadt Linz geschrieben hat, gilt für viele Siedlungen seines Heimatlandes. Harmonisch fügen sich natürliche Formen und jene, die von Menschenhand geschaffen wurden, zu einem bruchlosen Ganzen. Das hat mit der Geschichte Oberösterreichs zu tun, in der seit jeher zwei Werkzeuge das Leben dominierten: die Pflugschar und die Maurerkelle. Oberösterreich ist ein Bauernland. Bäuerlich bedeutet hier viel mehr als nur das, was man heute oft gedankenlos als „rustikal" bezeichnet. Es bedeutet ein Leben im Einklang mit der Natur. Und diesen Einklang suchte der Oberösterreicher auch stets, wenn er in die Natur eingriff, um sie nach seinem Willen zu gestalten. Dieser Philosophie verdankt Oberösterreich eine Reihe von malerischen Ortsbildern, und Profanbauten, die alles andere als profan sind.

Allen Attacken der Industrialisierung zum Trotz hat sich in Oberösterreichs Städten, Märkten und Dörfern eine tiefe Verbundenheit zwischen ländlicher und urbaner Kultur erhalten. Denn die Städter wußten und wissen den Bauern als Wirtschaftspartner wie auch als Kulturträger zu schätzen. Und auch das städtische Bürgertum hat bis heute noch nicht vergessen, wo seine Wurzeln liegen

Links: Linz, der „Neue Dom". – Left: Linz, New Cathedral. – A gauche: Linz, la nouvelle cathédrale. Rechts: Linz, Pöstlingbergkirche. – Right: Linz, Pöstlingberg Sanctuary. – A droite: Linz, le sanctuaire du Pöstlingberg.

Linz, Panorama mit Brucknerhaus. – Linz, sky-line with Brucknerhaus. – Linz, le panorama avec le Brucknerhaus.

Linz – ein Leben mit Widersprüchen

„Linz ist die Stadt der Schäfer, glaubet mir", beschwor Fritz von Herzmanovsky-Orlando augenzwinkernd die „Donaustadt am Alpenrand", wie ein Linzer Werbeslogan lautet. Wer heute mit der Westbahn ins Weichbild der Stadt einfährt, kann diesen Eindruck sicherlich nicht teilen. Zu dominierend ist die Skyline aus Gasometern und Schloten, die sich dem Auge des Betrachters bietet.

Man sollte sich nicht den Weg zu den Sehenswürdigkeiten der oberösterreichischen Metropole verstellen lassen. Sicherlich, hier werden zwei Drittel des österreichischen Eisens und Stahls produziert. Und die als ebenso fleißig wie tüchtig bekannten Linzer haben ihren Wohlstand in eine moderne Stadt investiert, die nicht selten mit ihren großzügigen Autobahnknoten und Umfahrungen wie eine Metropole des amerikanischen Mittelwestens wirkt.

Zu den tieferen Schichten dieser Stadt muß man sich erst vortasten. Etwa zur barocken Altstadt unterhalb des Schloßbergs mit ihren Zwiebeltürmen und lebensfrohen Fassaden, mit den minuziös gearbeiteten Fenstersimsen, den Giebeln und Erkern sowie den schmiedeeisernen Hauszeichen, die man hier noch häufig findet. Zentrum dieses Wahrzeichens barocker Lebensfreude ist der großzügig angelegte Hauptplatz – übrigens einer der größten Stadtplätze ganz Österreichs –, in dessen Mittelpunkt die 1723 vom Bildhauer Stumpfegger geschaffene Dreifaltigkeitssäule an die überstandene Pestzeit erinnert.

Noch älter als die meisten barocken Bauwerke ist das oberösterreichische Landhaus (siehe „Burgen und Schlösser"), ein Stückchen italienischer Renaissance nördlich der Alpen. Im großzügig angelegten Arkadenhof wird diese Vergangenheit vor allem zur Sommerszeit lebendig: Da intonieren berühmte Kammermusikensembles die Melodien jener Zeit, von Monteverdi bis Mozart. Nein – Linz hat auf seine Vergangenheit auch im Zeitalter von Chemie und LD-Verfahren nicht vergessen. Man heiratet nach wie vor in Österreichs ältestem Gotteshaus, der aus dem Jahre 799 stammenden Martinskirche am Römerberg (siehe „Kirchen und Klöster"). Und in den vielen winkeligen Gäßchen der Stadt findet man so manches Antiquitäten- und Trachtengeschäft, in dem Kunsthandwerk und Kunstgewerbe heute noch lebendig sind.

Zur kulturellen Weltgeltung Österreichs hat Linz übrigens zwei wesentliche Beiträge geleistet. Gilt es doch als die Heimatstadt des im Linzer Vorort *Ansfelden* geborenen Anton Bruckner, dessen Andenken heute durch das jährlich im Herbst stattfindende „Internationale Brucknerfest" gewürdigt wird.

Und auch die kulinarische Kultur ist den Linzern zu Dank verpflichtet: Hier wurde 1822 die weltberühmte Linzer Torte „erfunden", die (nicht nur) Linzern mindestens so viel gilt, wie andere Wahrzeichen der Stadt, etwa der neugotische Maria-Empfängnis-Dom oder die Wallfahrtsbasilika auf dem Pöstlingberg.

Oben links: Friedrichstor am Linzer Schloßberg; oben rechts: Donauländе; unten links: Schloßmuseum; unten rechts: Chemie Linz. – Above left: Frederick's Gate, Imperial Castle; above right: on the bank of the Danube; below left: Castle Museum; below right: Chemical plant. – En haut à gauche: la porte de Frederic dans le château imperial à Linz; en haut à droite: sur le banc du Danube; en bas à gauche: le musée du château; en bas à droite: usine chimique à Linz.
Seite 6: Linz, Hauptplatz mit Dreifaltigkeitssäule und Altem Dom. – Linz, main square with trinity column and Old Cathedral. – Linz, place centrale avec la colonne de la trinité et l'ancienne cathédrale.

Steyr – die Stadt der Hämmer

Wer sich auf der Suche nach der verlorenen Zeit befindet, sollte Steyr als Ausgangspunkt seiner Reise wählen. Hier scheint das Mittelalter Pause gemacht zu haben. Blickt man vom hochgelegenen Tabor auf die tausendjährige Stadt, erschließt sich dem Betrachter ein Meer von eng zulaufenden Giebelformen, dünnwandigen Rauchfängen und pittoresken Dachfirsten.

In den Gäßchen der Stadt spiegeln sich Zunftromantik und mittelalterliche Daseinsfreude: Geschichtsträchtigkeit, soweit das Auge reicht. Auf dem Steyrer Stadtplatz fühlt man sich geborgen in dieser an menschlichen Maßstäben orientierten Architektur. Hier steht das wohl berühmteste Bauwerk der Stadt, das „Bummerlhaus". Kunsthistoriker nennen es das schönste spätgotische Bürgerhaus des deutschen Sprachraums. Es stammt aus dem Jahr 1497 und war früher einmal ein Wirtshaus, das einen Hund, das sogenannte „Bummerl" im Schild führte. Es war übrigens eines der Zentren der Reformationsbewegung: Hier hielten die Waldenser, eine Sekte der Wiedertäufer, einst ihre geheimen Versammlungen ab.

Majestätisch ragt hoch über der „Unterstadt" die Pfarrkirche empor, die vom Erbauer des Wiener Stephansdoms, Hans Puxbaum, geschaffen wurde. Und die romanische Schlichtheit der Säulenhalle im alten Bürgerspital steht in einem ebenso seltsamen wie reizvollen Kontrast zum barocken Turmhelm dieses Bauwerks.

Schloß Lamberg krönt das Gesamtkunstwerk Steyrer Altstadt. Das aus dem 18. Jahrhundert stammende Schloß steht heute anstelle der um das Jahr 980 erbauten „Styraburg".

In Steyr sollte man übrigens auch ruhig den einen oder anderen Blick hinter die Fassaden riskieren, die hier alles andere als Potemkinsche Dörfer sind: In den Steyrer Innenhöfen ergießen sich oft Blumenmeere aus duftigen Arkaden, finden sich opulente Gartenterrassen, die mitunter aus der gotischen Architektur herauszuwachsen scheinen.

Steyr – das bedeutet zweifellos Idylle und Biedersinn. Es bedeutet, seit Josef Werndl die Stadt im neunzehnten Jahrhundert zu einem Zentrum der europäischen Waffenerzeugung gemacht hatte, aber auch noch Industrie und Betriebsamkeit. Dem Pionier Werndl war es auch zu danken, daß Steyr 1884 den ersten elektrisch beleuchteten Straßenzug Europas erhielt. Von den alten Hammerschmieden spannt sich der Bogen technischen Fortschritts bis zu den heutigen „Steyr-Daimler-Puch-Werken", die noch auf eine Gründung des 1889 verstorbenen Josef Werndl zurückgehen. Steyr ist heute ein wahrscheinlich seltenes Beispiel der gelungenen Vereinigung zwischen moderner Industrie und historischer Altstadt. Um die Weihnachtszeit hat die alte Eisenstadt noch eine Besonderheit aufzuweisen. Das weltberühmte Postamt Christkindl im kleinen Wallfahrtsort am Rande der Stadt befördert in dieser Zeit bereits 1½ Millionen Postsendungen, aus allen Teilen der Welt, weiter.

Oben: Steyr, Leopoldibrunnen mit Rathaus. – Above: Steyr, St. Leopold's fountain and town-hall. – En haut: Steyr, fontaine de Saint-Léopold et hôtel de ville.
Unten: Ältestes Steyrer Stadtwappen (14. Jh.). – Below: The oldest coat-of-arms of the city of Steyr (14th cent.). – En bas: Le blason le plus ancien de la ville de Steyr (14ème siècle).
Seite 9: Steyr, Museum im Innerbergerstadel. – Steyr, Innerbergerstadel museum. – Steyr, musée dans l'hôtel Innerbergerstadel.

1612

Enns. – View of the city of Enns. – Enns, vue totale.

Enns mochten schon die alten Römer

Die Stadt Enns liegt im Mündungsgebiet des gleichnamigen Flusses in die Donau. Sie war daher schon in der Römerzeit ein frequentierter Knotenpunkt. Wo heute der Ennser Stadtteil Lorch liegt, befand sich vom ersten bis ins fünfte Jahrhundert das römische Militärlager Lauriacum. Noch ältere Funde deuten sogar bereits auf eine steinzeitliche Besiedlung der heutigen Stadt hin, die seit 1212 das Stadtrecht besitzt. Enns ist damit die älteste Stadt Österreichs. Als wäre er stolz auf die Ehre, erhebt sich heute noch der Stadtturm über die Dächer. Als Uhr- und Wachturm in jener Zeit erbaut, da die Gotik schon alt und die Renaissance noch jung war, ragt er 59 Meter hoch. Von seiner Galerie aus genießt man eine perfekte Aussicht und kann sowohl die alte Ennser Burg als auch die Lorcher Basilika hl. Laurentius mit ihren karolingischen Grundfesten aus der Vogelperspektive bewundern. Will man bei der Beschäftigung mit der Historie lieber „am Boden bleiben", so ist ein Besuch des „Museums Lauriacum" unbedingt empfehlenswert.

Enns, Stadtturm. - Enns, city tower. – Enns, tour de ville.

Wels, Stadtplatz. – Wels, main square. – Wels, place centrale.

Wels – eine Stadt wie ein Volksfest

Die zweitgrößte Stadt Oberösterreichs kennt man vor allem durch ihre „prosaischen“ Eigenschaften: Wels gilt als bedeutendes Einkaufszentrum des Landes. Und es ist außerdem eine „Volksfeststadt“: Die „Welser Messe“ ist eine der größten und wichtigsten Leistungsschauen in ganz Österreich.

Über so viel Ökonomie vergißt man freilich leicht, daß Wels auch noch andere Schönheiten sein eigen nennt: Der historische Stadtkern fasziniert nicht nur durch den weiträumigen Stadtplatz mit seinen freundlichen mittelalterlichen Häuserfronten, sondern auch durch viele alte Renaissance-Innenhöfe. Beeindruckend sind vor allem auch das Welser Rathaus mit den kunstvollen Barock-Stukkaturen sowie der Kremsmünsterer Hof und das Haus jener Salome Alt, die angeblich die berühmten „Salzburger Nockerln“ für ihren Geliebten, den Salzburger Erzbischof Wolf Dietrich von Raitenau, erfunden hat.

Wels, Blick von der Burg auf die Stadtpfarrkirche. – Wels, view from the castle onto the parish church. – Wels, vue du château sur l'église paroissale.

Ried im Innkreis, Hauptplatz. – Ried im Innkreis, main square. – Ried im Innkreis, place centrale.

Gartenstadt Ried

Das Wort Ried bedeutet nicht von ungefähr auch „Garten". In einem solchen liegt das verträumte kleine Städtchen im oberen Innviertel und hat sich bis heute viel von seiner natürlichen Urwüchsigkeit erhalten. Wie Wels ist es auch eine Messestadt und ein oberösterreichisches Wirtschaftszentrum. Überregionale kulturelle Bedeutung erhielt Ried vor allem durch seine „großen Söhne" – die Künstlerfamilie Schwanthaler, die in sieben Generationen einundzwanzig Bildhauer hervorbrachte. Der berühmteste von ihnen, Thomas Schwanthaler, hat mit dem um 1700 entstandenen „Rieder Ölberg" in der Pfarrkirche hl. Peter und Paul seiner Heimatstadt eine der imposantesten Schwanthaler-Arbeiten hinterlassen.

Vöcklabruck, Wappenfresko (1502) am Torturm. – Voecklabruck, fresco (coats of arms, 1502) at gate tower. – Voecklabruck, des fresques d'armoires (1502) sur la tour de porte.

Zentren von Industrie und Kultur

Als Hauptstadt des Attergaus ist *Vöcklabruck* im südlichen Hausruckviertel schon seit dem Jahr 1134 urkundlich dokumentiert. Das schmucke Städtchen mit den wuchtigen Tortürmen aus der Zeit Kaiser Maximilians I. wurde im Jahr 1900 jedoch auch durch eine Erfindung weltberühmt: Eternit, eine Verbindung aus Zement und Asbest, eroberte von hier aus den Weltmarkt.
Wenige Kilometer entfernt liegt im Agertal an den südlichen Ausläufern des Hausruckgebirges die alte römische Ansiedlung „Suanse", heute *Schwanenstadt*". Hier befand sich einst das oberösterreichische Zentrum des Leinen- und Weinhandels. Schwanenstadt ist seiner Liebe zu Handel und Gewerbe treu geblieben: Heute sind hier einige der wichtigsten Industrieunternehmungen des ganzen Bundeslandes angesiedelt.
Seinen Weg vom verträumten Barockstädtchen zum Wirtschaftszentrum hat das etwas weiter nördlich liegende *Grieskirchen* gemacht. Vom Parzer Berg aus kann man auf die schöne barocke Stadtpfarrkirche Hl. Martin ebenso herabsehen wie auf die ausladenden Parzer Schloßanlagen mit Wasserschloß und Landschloß. Zwei Ausflugsziele lohnen von Grieskirchen aus übrigens besonders: ein Abstecher ins nur 6 km entfernte *Meggenhofen,* wo im Sommer von Wiener Reinhardt-Seminaristen „Theater am Bauernhof" gespielt wird, und eine Wanderung am Trattnachufer entlang. Nach knapp zwei Stunden ist man im romantisch gelegenen Kurort *Bad Schallerbach* angelangt.
Fährt man die Welser Heide donauwärts weiter, so gelangt man in einen der interessantesten Orte dieses Gebietes: nach *Eferding*. Hier hielt die Kriemhild des Nibelungenlieds Rast. Und hier erstreckte sich in früheren Zeiten ein ebenso ausgedehntes Weinbaugebiet wie in der Wachau. Johannes Kepler, der berühmte Mathematiker und Astronom heiratete in Eferding seine zweite Frau. Und hier fand 1626 die entscheidende Schlacht des oberösterreichischen Bauernkriegs statt. Die Pfarrkirche St. Hippolyt ist eine der größten Staffelkirchen des Landes und als „Dom von Eferding" bekannt. Heute ist Eferding der Hauptort des gleichnamigen „Eferdinger Beckens". Und unter Feinschmeckern ist es dafür bekannt, daß man in einigen Restaurants am Donauufer hervorragende Donaufische serviert bekommt.

Blick auf Braunau. – View of Braunau. – Vue sur Braunau.

Braunau und Schärding – Lebensfreude am Inn
Im Mittelalter war *Braunau* eine bekannte Tuchmacher- und Handelsmetropole, ein wichtiges Zentrum der Innschiffahrt. Eine Vergangenheit, die man der Stadt übrigens heute noch anmerkt. Winkelige Gassengevierte mit gotischen Steilgiebeln prägen das Ortsbild mit seinen vielen alten Bürgerhäusern. Der Stadtplatz wurde leider durch den Stadtbrand 1864 in seiner ursprünglichen Form zerstört, beeindruckt aber noch immer trotz wesentlicher baulicher Veränderungen. Sehenswert sind vor allem die Braunauer Kirchen von der im 15. Jahrhundert gebauten Stephanskirche mit ihrem 99 m hohen Turm bis zum alten Kapuzinerkloster, das heute als Stadttheater dient. Wirklich ins Schwärmen geraten Freunde von Barockarchitektur jedoch vor allem, wenn von *Schärding* die Rede ist. Dabei hatten es die Schärdinger nicht immer leicht, ihre besonders von den Napoleonischen Kriegen stark in Mitleidenschaft gezogenen Bürgerhäuser zu retten oder wiederaufzubauen. Heute ist das Schärdinger Ortsbild durch vorbild-

Schärding, Hauptplatz. – Schärding, main square. – Schärding, place centrale.

hafte Sanierungsarbeit wieder weitgehend hergestellt. Besonders der alte Stadtplatz ist ein Musterbeispiel für die im Kern gotischen Häuser, die sich dem Besucher jedoch mit ihrem barocken Sonntagsgesicht – den stuckreichen Fassaden – präsentieren. Stolz sind die Schärdinger auch darauf, daß es ihnen – im Gegensatz zu vielen anderen Städten – gelang, ihre umfangreichen Stadtbefestigungen weitgehend zu erhalten. Und so kann der Besucher bei einem Spaziergang das 1427 entstandene Wassertor mit dem alten Pranger ebenso bewundern wie das Passauer Tor und die Kapuzinerschanze. Auf dem ehemaligen Burggelände breitet sich heute ein grüner Park aus, in dem man zwischen alten Stein- und Mauerresten noch von jenen Zeiten träumen kann, in denen in Schärding Weltgeschichte gemacht wurde – wenn auch leider meist auf recht blutige Art. Wer mehr über diese Geschichte erfahren möchte, kommt im Städtischen Museum voll auf seine Rechnung, in dem auch das Leben des Naturalismus-Dramatikers Richard Billinger umfangreich dokumentiert ist.

Oben: Alte Portale in Freistadt, rechts das Heiligengeistspital. – Above: ancient entrances at Freistadt. – En haut: des vieux portals à Freistadt.

Seite 17: Salzkammergutlandschaft mit Traunstein. – Page 17: Salzkammergut scenery with mount Traunstein. – Page 17: paysage du Salzkammergut avec le mont Traunstein.

Freistadt – die schlafende Schönheit

Dornenhecke braucht der Freistadt-Besucher keine zu überwinden, wie der Prinz im Märchen von Dornröschen. Doch wer in den Morgen-, Mittags- oder Abendstunden das erste Mal nach Freistadt kommt, wird sich des Eindrucks nicht erwehren können, daß über dieser Stadt irgendein geheimer Zauber liegen muß. Weit weg ist jede Hektik. Hier wirken alte Häuser noch wirklich alt. Hier kann man tatsächlich das Gefühl haben, „landumschlossen" zu sein, sich im Schoß der Natur und doch mitten in der Stadt zu befinden.

Es ist kein Wunder, daß Freistadt sich auch bei Touristen großer Beliebtheit erfreut. In den engen Gassen dominieren die weichen Formen, die verschwommenen Konturen. Und wer die an Spitzweg gemahnenden Bilder des Freistädter Biedermeiermalers Karl Kronberger kennt, der könnte mitunter auf die Idee kommen, ganz Freistadt bestünde aus behutsam gesetzten Farbtupfern.

Dominiert wird das Freistädter Stadtbild von reizvollen Barockfassaden, die den oft nur winzigen Klitschen ein großstädtisches Gepräge geben. Einige Höfe sind mit bezaubernden Arkadengängen ausgestattet. Wie im Märchen wirken auch die Freistädter Stadttore, das gotisch-spitzbögige „Linzertor" und das gegen Norden gerichtete, massive „Böhmertor".

Wie fest der mittelalterliche Geist im Freistädter Wesen noch verwurzelt ist, beweist, daß Freistadt die letzte österreichische Stadt mit einer Brau-Commune ist. Früher lag das Braurecht nämlich auf den einzelnen Bürgerhäusern, die sich – um gegen anderweitige Konkurrenz abgesichert zu sein – zu einer „Commune" zusammenschlossen. In Freistadt wird das Bier zwar heute zentral gebraut, doch die Brauerei gehört immer noch allen „bierigen Häusern" miteinander.

SEEN UND FLÜSSE

Das Salzkammergut

Der Wiener Kaffeehausliterat Peter Altenberg hat – nicht nur stellvertretend für die Wiener – aufgeschrieben, was das Salzkammergut so attraktiv macht: „Ich liebe die Landungsstege der Dampfschiffe an den Salzkammergut-Seen, die alten grauschwarzen und die neueren gelben. Sie sind mir so ein Wahrzeichen von Sommerfreiheit, Sommerfrieden, und sie duften wie von jahrelang eingesogenem Sonnenbrande ...“

Das Salzkammergut ist Oberösterreichs Ferienlandschaft par excellence. Das hat schon der alte Kaiser gewußt, der nicht von ungefähr seine Sommerresidenz im Kurort Bad Ischl aufgeschlagen hat.

Salzkammergut – das bedeutet aber nicht nur Berge, Wälder, Wiesen und Almen. Salzkammergut heißt vor allem: Seen. Sie zählen zu den schönsten und größten ganz Österreichs. Sie sind ein Paradies der Wasserratten und Surfer, der Segler und Angler, der Hobby-Photographen und Spaziergänger. Landschaft und Architektur strahlen hier gleichermaßen einen Hauch von Noblesse aus. Ob es sich um die verwinkelten Holzkonstruktionen der alten Salzkammergut-Villen aus der Gründerzeit mit ihren Ziselierungen und schmucken Hausgiebeln handelt, ob man in einer traditionsreichen Kurkonditorei des österreichischen „Ancien Regime“ versunkenem Glanz nachspürt, ob man über den weitläufigen Seepromenaden Lehárs Walzerklänge wahrzunehmen glaubt – das Salzkammergut ist eine Landschaft aus imperialem Guß, gleichgültig, ob man damit die Majestät der Bergwelt oder die Welt einstiger Majestäten anspricht.

Traunsee, Blick auf Gmunden. – Lake Traunsee, view of Gmunden. – Le lac Traunsee, vue sur Gmunden.

Der Traunsee – ein Traumsee

Er ist dunkelgrün bis schwarz, langgezogen in die Landschaft eingebettet, mit ruhiger, spiegelglatter Wasserfläche, in der sich der Traunstein an klaren Tagen doppelgesichtig zeigt. Obwohl der Traunsee das ist, was man einen typischen Gebirgssee nennen könnte, vermittelt er dem Besucher doch auch einen Hauch von südlichem Flair. Nicht von ungefähr steht im Traunsee-Hauptort *Gmunden* die „Schloßvilla Toscana", heute ein Kulturzentrum, das schon vom Namen her Mediterranes anklingen läßt.

Die einen Kilometer lange Uferallee, genannt „Esplanade" verstärkt diesen Eindruck ebenso wie das fröhliche Glockenspiel im Gmundener Rathaus, das Glöckchen aus dem berühmten Gmundner Keramik melodisch zum Klingen bringt.

Gmunden ist denn auch eine Drehscheibe des internationalen Salzkammergut-Tourismus. Hier wuchern die Gamsbärte aus den Souvenirläden. Man sieht in den Auslagen der Modegeschäfte mehr Dirndlkleider und Hirschlederne als Abendgarderoben und Nadelstreifanzüge.

Schließlich ist Gmunden auch ein guter Ausgangspunkt für zahlreiche Wanderungen und Ausflüge. Promeniert man etwa eine Stunde am östlichen Traunseeufer entlang, so erreicht man den Fuß des mächtigen Traunsteins und darf sich beim „Hois'n-Wirt" mit einer Jause stärken. Bergwanderer können den Grünberg erklimmen (Bequemere nehmen die Seilbahn) und dann zum idyllisch gelegenen *Laudachsee* weiterwandern. Und auch die Ortschaft *Altmünster* ist nur einen knapp dreiviertelstündigen Fußmarsch von Gmunden entfernt. Man passiert dabei *Schloß Ort*, eines der schönsten oberösterreichischen Wasserschlösser (siehe „Burgen und Schlösser").

Südlich von Altmünster liegt *Traunkirchen*, ein 1020 gegründeter Klosterbau, der romantisch an einem Felsabhang gelegen ist, und dessen Klosterkirche die weltberühmte „Fischerkanzel" beherbergt. Die Kanzel hat die Form eines mit Netzen behängten Fischerbootes und wurde 1753 von einem unbekannten Künstler geschaffen. Den Südzipfel des Traunsees, im Bergschatten des Feuerkogels säumt *Ebensee*, wo alle Jahre am 5. Jänner altes Brauchtum lebendig wird: Hier findet der berühmte „Glöcklerlauf" statt, der auch eine Entsprechung im „Ebenseer Fetzenzug" am Rosenmontag hat. Außer für die ebenso kauzigen wie furchterregenden Masken ist Ebensee jedoch auch für seine ländlichen Weihnachtskrippen bekannt, die man alle Jahre bis Mariä Lichtmeß bewundern kann.

Hallstatt oder die Erfindung des Salzes

Wenn der Traunsee die lichte, lebensfrohe Seite des Salzkammerguts repräsentiert, so fühlt man sich am Hallstätter See ins Reich der Schatten versetzt: die Schatten der Berge, unter deren Abhängen ein bodenloser, schwarzer Kratersee die Waldhänge selbst bei Sonnenlicht nur matt aufhellt; und die Schatten einer fünftausendjährigen Vergangenheit, wie sie mit der Kultur um das älteste Salzbergwerk der Welt verbunden ist. Die „Hallstattzeit" ist auf der ganzen Welt noch bekannter als der Hallstätter See.

Dieses Hochgebirgswasser erscheint wie die nach außen gestülpte Zwillingsschwester des unterirdischen Salzbergsees, wie ein Stück Unterwelt, das unversehens ans Tageslicht geraten ist. Und nicht ohne Grund besitzt Hallstatt den wohl pittoreskesten Karner Österreichs. Da der Kirchhof längst nicht mehr alle Gebeine dieser uralten Siedlung zu fassen vermag, ist man dazu übergegangen, sie fein säuberlich zu schlichten, mit den Namen der „Besitzer" anzuschreiben und sie kunstvoll zu bemalen. Noch heute ist in Hallstatt ein Totenkopfmaler tätig.

Auch das Ortsbild der Stadt ist ungewöhnlich. Die alten Fischerhäuser scheinen auf der steilen Felswand turmartig übereinandergestaffelt zu sein. Manche dieser Häuser kann man in der Tat auch nur vom Dachstuhl aus betreten. Und mit den engen, steilen Gäßchen wirkt Hallstatt wie eine nördliche Variante des ähnlich angelegten italienischen Urlaubsparadieses Positano. Beeindruckend ist vor allem auch die alte Pfarrkirche, die aus dem Jahr 1181 stammt und seither einige Male umgebaut wurde. Von hier aus hat man ein Seepanorama, wie es andernorts nur den noblen Kurhotelterrassen vorbehalten bleibt. Aber in Hallstatt ist eben so manches anders als anderswo.

Oben links: Hallstättersee; oben rechts und unten: Hallstatt. – Above left: lake Hallstatt; above right and below: Hallstatt. – En haut à gauche: le lac de Hallstatt; en haut à droite et en bas: Hallstatt.

Schloß Litzelberg am Attersee. – Litzelberg castle at lake Attersee. – Le château de Litzelberg auprès du lac Attersee.

Urlaubssee Attersee

Der Attersee ist ein fließender Übergang von den Alpen ins Alpenvorland. Der sich der Umwelt verschließende Charakter des Hallstätter Sees ist hier wie weggewischt. Es dominieren die zarten, weiblicheren Landschaftsformen, die blühenden Wiesen, die sanften Hügelketten, die romantischen Waldungen. Und als wollte er sich darüber hinaus beim p. t. Publikum noch besonders einschmeicheln, erzielt der Attersee auch relativ hohe Wassertemperaturen im Hochsommer. Dennoch verliert man niemals das Gefühl, im Gebirge zu sein. Dazu ist die Kulisse der Felsformationen des Höllengebirges sowie die Silhouette des Schafbergkammes in der Ferne denn doch zu übermächtig.

Im Gegensatz zu den anderen Salzkammergutseen besitzt der Attersee kaum „Wahrzeichen" oder einen charakteristischen Hauptort. Von *Kammer-Schörfling* mit seinem barocken „Schloß Kammer" aus dem ehemaligen Khevenhüllerschen Besitz bis nach *Unterach* am Fuße des Schafberg-Ausläufers Ackerschneid reiht sich eine Anzahl ebenso kleiner wie malerischer Urlaubsorte aneinander, die ein ebenso erlebnisvolles wie schwereloses Ferienvergnügen garantieren. Der wirkungsvollste Anziehungspunkt ist freilich der See selbst, der ob seiner Größe ein wahres Eldorado für Surfer und Segler darstellt. Sie genießen vor allem, daß der Attersee während der Sommerzeit für Motorboote gesperrt ist.

Zum Wolfgangsee, nicht nur des „Weißen Rößls" wegen

Der Wolfgangsee ist der Mittelpunkt altösterreichischer Operettenseligkeit. Zumindest gewinnt man diesen Eindruck, wenn man dem schmissigen Melodienreigen aus Ralph Benatzkys 1930 entstandener Operette „Im Weißen Rößl" lauscht. Das gleichnamige Hotel existiert übrigens heute noch und stellt einen der Hauptanziehungspunkte des Ortes *St. Wolfgang* dar. Der Ausdruck „malerisch" ist für den Wolfgangsee schon so oft bemüht worden wie ihn Touristen aus aller Welt besucht haben. Seine kristallklare und bläulichgrün schimmernde Oberfläche läßt diesen See zu einem der freundlichsten Gewässer dieser Gegend werden. Und die 1732 m lange Zahnradbahn auf den Hausberg von St. Wolfgang, den *Schafberg*, ist eine immerwährende Einladung, das eindrucksvolle Alpenpanorama aus der Vogelperspektive zu genießen. Wer der Eisenbahnarchäologie Schusters Rappen vorzieht, kann den Schafberg übrigens auch in einem dreieinhalbstündigen Marsch zu Fuß erobern. Eingefleischte Wandervögel lieben auch die Wanderung von St. Wolfgang hinüber zum Attersee, die über den romantischen *Schwarzensee* führt. Doch St. Wolfgang bietet auch für Kunstfreunde etwas: In der Pfarrkirche findet sich einer der berühmtesten sakralen Kunstschätze Österreichs, der 1481 vollendete Pacher-Altar. Unter den Netzrippengewölben dieser frühbarocken Kirche lassen sich jedoch auch Meisterwerke von Schwanthaler und Guggenbichler bewundern. Und wer den Marktflecken mit offenen Augen durchquert, wird einen unerschöpflichen Formenreichtum von barocken Fassaden, schmucken Fenstersimsen und Giebeln vorfinden.

Motiv am Attersee. – Lake Attersee. – Le lac Attersee.

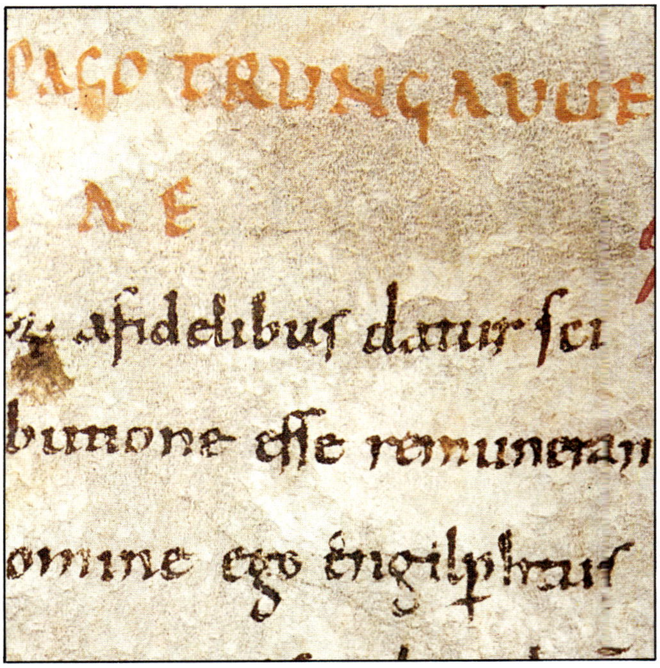

Der Mondsee – ein kaiserliches Geschenk
Der Mondsee – benannt nach seiner sichelartigen Form – ist so schön, daß Napoleon ihn 1810 kurzerhand einem seiner verdientesten Offiziere, dem Marschall Wrede, schenkte. Heute gehört der Mondsee wieder jedermann – und das ist gut so. Er gilt nämlich als der wärmste aller Salzkammergutseen und erzielt Spitzentemperaturen bis 27 °C.
Warm ums Herz wird aber auch Kunstfreunden, wenn sie das ehemalige Kloster von Mondsee bewundern. 748 gegründet, ist es das älteste klösterliche Bauwerk Oberösterreichs. Die Stiftskirche gilt als jenes Gotteshaus, in dem sich der berühmte Barockbildhauer Meinrad Guggenbichler am überzeugendsten verwirklichen konnte.

Die Geschichte von Mondsee ist freilich noch viel älter als das hier gegründete Kloster. Im Mondseer Heimatmuseum kann man noch Funde aus der Pfahlbaukultur um 2500 v. Chr. betrachten. Wie tief verwurzelt die bäuerliche Kultur in diesem Gebiet ist, dokumentiert auch das Mondseer „Rauchhaus“, in dem alle Einrichtungsgegenstände und Gerätschaften so naturecht zu besichtigen sind, als wäre das Haus erst soeben von seinen Bewohnern zum Einholen der Ernte verlassen worden.
Neuerdings hat sich Mondsee auch noch auf einem anderen Gebiet einen Namen gemacht. Wenn man gelernten Feinspitzen Glauben schenken will, so ißt man beim „Eschlböck“ am besten in ganz Österreich.

Vorderer Gosausee mit Dachstein. – Lake Gosausee with Dachstein. – Le lac de Gosau avec la cime du Dachstein. Gegenüberliegende Seite, oben links: Stift Mondsee; oben rechts: Aus dem Mondseer Traditionsbuch; unten links: Filialkirche St. Lorenz bei Mondsee; unten rechts: Am Langbath-See. – Opposite page, above left: the late Benedictine abbey of Mondsee; above right: a medieval manuscript from Mondsee abbey; below left: St. Lawrence's church by lake Mondsee; below right: lake Langbath. – Page opposée, en haut à gauche: l'ancienne abbaye bénédictine de Mondsee; en haut à droite: une page d'un manuscript mediéval originant de Mondsee; en bas à gauche: l'église de Saint-Laurent près du lac Mondsee; en bas à droite: le lac de Langbath.

Blaue Tupfen auf der Landkarte

Davon finden sich in Oberösterreich besonders viele. Gerade die kleinen Seen gelten nämlich als spezielle „Geheimtips" unter den sommerlich Ruhebedürftigen. Am *Zeller- oder Irrsee* haben sich zahlreiche Sänger, Dirigenten und Regisseure ein Sommerdomizil errichtet, die im August bei den Salzburger Festspielen gastieren. Die beiden *Langbathseen* sind unberührte Gebirgsseen fernab von Lärm und Hektik des Fremdenverkehrs. Der *Gosausee* ist vor allem durch seinen fulminanten Ausblick auf das Dachstein-Massiv berühmt geworden. Der *Offensee* und der *Almsee* bieten unverhüttelte Ufer und lange, waldreiche Wanderwege, auf denen gestreßte Städter mit der Seele baumeln können.

Die Donau – wo einst die Nibelungen reisten

Noch heute künden Namen wie die Linzer „Nibelungenbrücke" oder „Nibelungensäule" vom Weg der burgundischen Heldenbraut Kriemhild zu ihrem zweiten Ehemann, dem Hunnenkönig Etzel, auch Attila genannt. Mit ihrem Troß und einigen sagenhaften Recken reiste sie donauabwärts. Damals gab's freilich noch keine Stauseen. Doch die Donau war als bedeutende Handelsstraße der damaligen Zeit wahrscheinlich viel intensiver befahren als heutzutage.

In Oberösterreich durchläuft die Donau einige der schönsten Stellen des gesamten Flußbetts. Sie bildet hier den Durchbruch zwischen den Granit- und Gneisgesteinen des Böhmerwaldes. Und sie verformt sich an der *„Schlögener Schlinge"* zu einer von sanften Waldungen bewachsenen Kehre, in der der Strom kurzfristig sogar seine Richtung ändert, bevor er nach einer großen S-Schleife ins fruchtbare Eferdinger Becken einmündet, wo sich die Donau bei *Aschach* zu einem Stausee von gewaltigem Ausmaß verbreitert. Hier liegt übrigens auch das berühmte *Faustschlössel,* das der Sage nach Mephisto dem Doktor Faust in nur einer einzigen Nacht errichtet haben soll.

Zwischen der Stiftskirche *Wilhering* und dem ihr durch eine alte Donaufähre verbundenen Ort *Ottensheim* betritt die Donau, gesäumt vom grünen Kürnberger Wald und den südlichen Ausläufern des Mühlviertels rund um den Pöstlingberg das Linzer Becken. Ab *Mauthausen,* wo die berüchtigte Todesstiege und das ehemalige Konzentrationslager an das Grauen des Dritten Reichs erinnern, bildet die Donau die natürliche Landesgrenze zwischen Ober- und Niederösterreich. Beim Markt *Ardagger* beginnt schließlich wieder ein Donau-Durchbruch durch alte Schiefergneise, der zur Bildung des *„Strudengaus"* führt. Der letzte oberösterreichische Ort an der Donau ist *Grein,* ein echtes städtebauliches Kleinod, über dem majestätisch das Schloß Greinburg throhnt.

Hier erinnert noch viel an das Mittelalter, in dem Grein um 1147 erstmals als „Grine" erwähnt wurde. Berühmt ist Grein auch für eine Kostbarkeit aus der Theatergeschichte, das älteste, heute noch benützte Stadttheater Österreichs: ein intimes Rokokotheater aus dem Jahr 1791, in dem es – ganz stilecht – sogar noch absperrbare „Sperrsitze" gibt. Die Donau zwischen Passau und Linz ist eine beliebte Ausflugsstraße. Es ist unter der Linzer Bevölkerung ein besonders geschätztes Feiertagsvernügen, morgens mit dem Zug nach Passau zu reisen und sich am Nachmittag gemächlich auf bequemen Donaudampfern donauabwärts tragen zu lassen.

Oben: Donauschlinge bei Schlögen; unten: Donaukraftwerk Abwinden-Asten. – Above: Meander of the Danube at Schlögen; below: hydro-electric plant of Abwinden-Asten on the Danube. – En haut: Les méandres du Danube près de Schlögen; en bas: station hydro-électrique de Abwinden-Asten.
Seite 25, oben: Obernberg am Inn; unten links: Schärding, Wassertor (1427); unten rechts: Zwickledt, Kubin-Schlößl. Der Zeichentisch. – Page 25, above: Obernberg am Inn; below left: Schärding, Water Gate, 1427; below right: Zwickledt, Kubin memorial home, drawing table. – Page 25, en haut: Obernberg am Inn; en bas à gauche: Schärding, porte de l'eau, 1427; en bas à droite: Zwickledt, hôtel Kubin, la table à dessiner.

Der Inn gehört uns nicht allein

Der Fluß, der dem Innviertel seinen Namen gibt, gehört den Oberösterreichern keinen einzigen Meter lang ganz: Sie müssen ihn mit den deutschen Nachbarn brüderlich teilen, bis er sich bei Passau mit der Donau vereinigt. Die Innviertler sind in ihrem Wesen ja auch durchaus den Bayern verwandt, mit denen sie lange Zeit gemeinsam regiert wurden: „Rauhe Schale, weicher Kern“, so könnte man beide charakterisieren.

Neben den traditionellen oberösterreichischen Handelszentren am Innufer, Braunau und Schärding (siehe „Städte“), ist vor allem der alte Markt *Obernberg* interessant, der 1160 erstmals als Sammelplatz mittelalterlicher Salzschiffahrt erwähnt wurde. Mit seiner gotischen Pfarrkirche „hl. Abendmahl des Herrn“ und den Stadttoren aus dem 11. und 12. Jahrhundert hat sich Obernberg auch einen Namen als Fremdenverkehrsort gemacht.

Wer sich in dieser Gegend aufhält, sollte auch nicht versäumen, das Domizil eines der hintergründigsten und interessantesten Künstler dieses Bundeslands zu besuchen: In *Zwickledt,* nur 6 km nordöstlich von Schärding, steht ein kleines Schlößl, in dem der Maler, Graphiker und Dichter Alfred Kubin (1877–1959) einen großen Teil seines Lebens verbracht hat. Die Arbeitsräume des Künstlers sind seit dem Tod unverändert geblieben. Und wenn man die imposante Bibliothek Kubins sieht, gelingt einem schon ein etwas tieferer Einblick in die Werkstatt des großen Grenzgängers zwischen Traum und Wirklichkeit.

Die Traun – ein Fluß durch die Vergangenheit

Schon in ihrem Ursprungsgebiet sorgt der „Wassermann vom Grundlsee“ dafür, daß die Traun legendenumwoben ist. Sie fließt auch in der Tat durch geschichtsträchtiges Gebiet, bis sie schließlich bei Linz in die Donau mündet.

Ohne die Traun gäbe es kein Salzkammergut und vor allem nur wenige Salzkammergutseen. Schließlich speist sie sowohl den Hallstätter- als auch den Traunsee. Doch die Traun muß auch magische Kräfte besitzen: Wie sonst hätten sich in ihrem Einzugsgebiet so viele Kurorte einnisten können. Das beginnt im steirischen Nobelkurort Bad Aussee, setzt sich aber gleich hinter der Landesgrenze in *Bad Goisern* fort. Hier findet jedoch nicht nur die jodhältige Schwefelquelle mit ihren Solebädern, Schlammpackungen und Inhalationen Zuspruch, sondern vor allem auch die wildromantische Bergwelt: Bad Goisern zählt zu den beliebtesten oberösterreichischen Wintersport- und Wandergebieten.

„Der“ Kurort des Trauntals schlechthin ist freilich *Bad Ischl.* Hier hat Kaiser Franz Joseph nicht nur den umstrittenen Ausspruch getan: „Wenn die Monarchie untergehen muß, soll sie wenigstens anständig untergehen.“ Hier hat er auch den Aufruf „An meine Völker“ ergehen lassen, der die Totenglocken des Ersten Weltkriegs in Bewegung setzte. Dennoch – oder gerade deswegen – ist Bad Ischl bis heute eine besonders lebensfrohe Stadt geblieben. Man verkostet in der Kurkonditorei Zauner die Köstlichkeiten des k. u. k. Mehlspeishimmels. Man besichtigt die alte Kaiservilla im Jainzenpark und bewundert das karge Stahlbett und die Pfeifensammlung des Soldatenkaisers Franz Joseph. Man spürt die Nostalgie förmlich zwischen architektonischen Orgien in Kaisergelb. Und man ehrt Franz Lehár, der hier seine schönsten Operetten geschrieben hat, nicht nur in der zum Museum umgestalteten Lehár-Villa, sondern auch bei den jährlich stattfindenden Operettenfestwochen.

„Ganz nebenbei“ ist Bad Ischl auch noch ein wahrer Gesundbrunnen für Herz- und Kreislauf, gegen Rheuma, Frauenleiden sowie Leber- und Gallenerkrankungen. Und wer den Kurmitteln nicht vertraut, der kann auf den zahlreichen Wanderwegen zwischen Nussensee und Franz-Josephs-Warte tief Luft holen. Wenn die Traun das Salzkammergut hinter Gmunden verläßt, zeigt sie, bevor sie durch die Welser Heide ihrer Bestimmung entgegenfließt, noch einmal ihr schönstes Gesicht: beim „oberösterreichischen Niagara“, wie der *Traunfall* im Volksmund genannt wird. Von Schwanenstadt ist es eine fünfviertelstündige Wanderung bis zu jener Stelle, wo man dieses Naturwunder von einer 29 m hohen Bogenbrücke aus bewundern kann.

Oben: Bad Ischl, Lehár-Schlößl. – Above: Bad Ischl, Lehár-House. – En haut: Bad Ischl, la maison de Lehár.
Links: Die Traun bei Lauffen. – Left: The river Traun. – A gauche: La Traun.
Rechts: Lauffen. – Right: In the village of Lauffen. – A droite: Dans le village de Lauffen.

Blick auf Spitzmauer und Großen Priel von Hinterstoder. – View of Spitzmauer and Großer Priel from Hinterstoder. – Les cimes de Spitzmauer et Großer Priel vues de Hinterstoder.

Im Tal von Krems, Enns und Steyr

Sie fließen fast parallel und nehmen letztendlich direkt oder indirekt alle denselben Weg in die Donau. Und noch eines haben Krems, Enns und Steyr gemeinsam: Ihre Flußtäler zählen zu den landschaftlich reizvollsten Gebieten Oberösterreichs.

In ganz besonderem Maße gilt das für das Steyrtal. Dieser Nebenfluß der Enns ist nur 58 km lang und entspringt beim Berggasthof Baumschlagerreith bei *Hinterstoder.* Ihre schönste Wegstrecke absolviert die Steyr bei *Molln,* einem kleinen Erholungsdorf, das vor allem für seine Maultrommelherstellung bekannt ist. Nur sechs Kilometer südwestlich von Molln beginnt der *Steyr-Durchbruch,* wo die Steyr in einer wildromantischen Erosionsschlucht einen sturzbachähnlichen Verlauf nimmt. In diesem als Naturschutzgebiet deklarierten Abschnitt findet sich auch eine reichhaltige Alpenflora.

Im Verhältnis zur kurzen Steyr nimmt sich die 320 km lange Enns geradezu wie der Mississippi aus. Entlang dieses Flußtals verläuft die alte „Eisenstraße", auf der das am steirischen Erzberg abgebaute Rohmaterial einer weiteren Verwendung in den Hammerschmieden der Eisenwurzen und in den heutigen Stahlzentren Steyr und Linz zugeführt wurde und wird. Das Ennstal ist daher ein Gebiet mit außerordentlicher Vergangenheit. Über seine kulturellen und wirtschaftlichen Traditionen kann man sich im Enns- und Flößermuseum zu *Weyer* einen guten Überblick verschaffen. Weyer-Markt, wie es mit vollem Namen heißt, ist übrigens auch aus einem anderen Grunde sehenswert: Im Mittelalter war der Ort als „Güldenes Märktl" bekannt. Und an den gotischen Herrenhäusern, den reizvollen Arkaden, den beiden prunkvollen Marktbrunnen sowie der „Taverne" in Kastenreith am linken Ennsufer, die seinerzeit der Hauptumschlagplatz des Eisenhandels war, läßt sich ablesen, warum Weyer zu diesem Namen kam.

Den Sensenschmieden verdankt übrigens auch das Kremstal seine Bedeutung, dessen Flußlauf von zahlreichen Burgen und Klöstern gesäumt wird. Der Hauptort dieses Tales ist *Kirchdorf an der Krems,* von wo aus sich zahlreiche Ausflüge in die nähere Umgebung anbieten. In *Micheldorf* etwa kann man sich im Sensenschmiedmuseum einen Überblick über die Geschichte der Eisen- und Stahlerzeugung verschaffen. Und wenn man von dort aus noch zwei Kilometer südlich wandert, gelangt man zum *Kremsursprung* bei *Weilers.*

Das Kremstal ist übrigens eng mit dem Verlauf der *Pyhrnbahn* verwoben. Sie führt in eines der populärsten oberösterreichischen Wintersportgebiete zwischen *Windischgarsten, Spital am Pyhrn* und *Hinterstoder.*

BURGEN UND SCHLÖSSER

Festungen nach innen

Oberösterreich ist kein Land der mittelalterlichen Trutzburgen und Bollwerke. Viele Burgen und Schlösser entstanden erst nach der Reformation, als der protestantisch gewordene und erstarkte Adel seine Macht durch besondere Prunkentfaltung zu dokumentieren wußte. Mächtiger als bisher fühlten sich damals auch die bislang bedeutungslosen Landstände, was sich in einem Aufblühen der städtischen Landhaus-Architektur äußerte. Gerade in Oberösterreich setzte jedoch auch die Gegenreformation mit besonderer Wucht ein. Die Anstürme der aufständischen Bauern zwangen damals das regierende Establishment, sich gegen die Außenwelt abzuschotten. Wenn man in Oberösterreich daher Trutzburgen findet, so verdanken diese ihre Existenz weniger der Angst vor den Einfällen der Türken oder anderer fremder Völker, sondern viel mehr der Angst vor dem inneren Feind – den eigenen Untertanen.

Oben: Linz, Landhaus. – Above: Linz, Diet. – En haut: Linz, hôtel des Etats.

Märchenschloß Alt-Pernstein

Oberösterreichische Eltern pflegen fragenden Kindern das Dornröschenschloß oder jenes von König Drosselbart zu erklären, indem sie mit ihnen nach Alt-Pernstein fahren. Die Burganlage auf dem steil abfallenden Fels stammt in ihren Grundfesten noch aus dem Mittelalter und wurde erst zur Zeit der Bauernkriege von Grund auf erneuert und ausgebaut. Vom freistehenden Turm aus kann man weit ins Kremstal hineinsehen und erhält tiefe Ein- und Ausblicke ins Pyhrn-Priel-Massiv.

Wie's zu einer echten Märchenburg gehört, ist es hier seinerzeit ganz schön grausig hergegangen: Schon 1394, als die Burg dem Wiener Hofmeister Hans von Liechtenstein gehörte, wurde hier Geschichte mit Blut geschrieben. Der Liechtensteiner war nämlich nicht zimperlich, wenn es darum ging, seine Widersacher in tiefe Verliese fernab vom Tageslicht zu stecken. Und Platz für solche Kerkerlöcher fand sich in Alt-Pernstein genug. Als der mächtige Liechtensteiner jedoch in eine Fehde mit seinem Landesherrn geriet, lernte er die „Eingeweide“ seiner Burg aus eigener Anschauung kennen. Nachdem man ihn festgenommen hatte, wurde Hans von Liechtenstein nämlich in seinen eigenen Kerker geworfen.

Ihre heutige Gestalt erhielt die Burg Alt-Pernstein ebenfalls von einem als besonders blutrünstig bekannten Fürsten: Nachdem Adam Graf Herberstorff der Rebellion der Stände unter Karl Jörger ein Ende gemacht hatte, zog er das Zentrum dieser Rebellion, die Burg Alt-Pernstein, an sich. Obwohl er viel Geld in die reichen Stukkaturen der frühbarocken Schloßkapelle mit der „Pernsteiner Madonna“, in eine prunkvolle Terrasse, weitläufige Rüstkammern und einen viergeschossigen Wohnbau investierte, kam Herberstorff nur selten hierher und zog es vor, sich auf seinem Stammsitz im Gmundner Schloß Ort aufzuhalten.

Heute ist Alt-Pernstein ein Bildungszentrum und das, was man eine „Jugendburg“ nennt. Wo früher Lanzen und Hellebarden dominierten, regieren jetzt die „Klampfen“, Ruck- und Schlafsäcke, die nächtlichen Diskussionen im Rittersaal und händchenhaltendes Jungvolk in den Mauernischen. Womit Alt-Pernstein den blutigen Abschnitt seiner Geschichte wohl endgültig hinter sich haben dürfte.

Gegenüberliegende Seite. Alt-Pernstein. – Opposite page: Alt-Pernstein castle. – Page opposée: Le château de Alt-Pernstein.

Schloß Ort – ein Ort voll Blut und Tränen

Wer Oberösterreichs schönstes Seeschloß heute in beinahe unwirklicher Harmonie über den Wassern des Traunsees schweben sieht, der denkt in erster Linie an Urlaub, Idylle und Ansichtskarten. Der Schein trügt jedoch: Schloß Ort ist, was die oberösterreichische Landesgeschichte betrifft, einer der finstersten Winkel dieser Region.

Schon kurz nach seiner Gründung im Jahre 1092 nistete sich hier ein Tyrann namens Hartnid ein, der von der günstig gelegenen und für damalige Verhältnisse fast uneinnehmbaren Seefeste aus das umliegende Land unterdrückte. Er scheint es damit allerdings ein wenig übertrieben zu haben, da er in seinen eigenen Verliesen endete.

Unter Kaiser Ferdinand I. trat in Schloß Ort zu Beginn des 17. Jahrhunderts ein neuer Unterdrükker auf den Plan: Adam Graf Herberstorff, beauftragt mit der Niederschlagung der rebellischen Bauern, hinterließ von hier aus eine Blutspur, die quer durch Oberösterreich führte. An sie erinnert das heute noch auf einer Freilichtbühne bei Vöcklamarkt von Laien dargestellte *„Frankenburger Würfelspiel“*. Es handelt von jenem Blutgericht auf dem Haushamer Feld, das Herberstorff abhalten ließ, weil die Frankenburger ihren katholischen Pfarrer vertrieben hatten. Als Sühne ließ der Statthalter damals 36 Bauernführer gegeneinander um ihr Leben würfeln, von denen schließlich siebzehn gehängt wurden. Kein Wunder, daß die erzürnten Bauern, als die Nachricht vom Tod ihres Unterdrückers neun Jahre später bekannt wurde, über Schloß Ort herfielen und es niederbrannten.

In seiner heutigen Form wurde Schloß Ort von Erzherzog Johann Salvator Toscana wiederhergestellt, einem Neffen von Kaiser Franz Joseph I., der sich Johann Ort nannte. An die blutige und grausame Vergangenheit des Schlosses, in dem heute während der Sommerzeit sanfte Serenadenklänge zu hören sind, erinnern heute nur noch der alte Hungerturm und die Folterwerkzeuge im Gmundner Museum.

Schloß Ort bei Gmunden. – Ort castle near Gmunden. – Le château d'Ort près de Gmunden.

Planetenbrunnen. – Planet fountain in a courtyard of the Linz Diet. – Fontaine des planètes dans l'hôtel des Etats à Linz.

Das Linzer Landhaus – ein Schloß gegen oben

Der kaiserlichen Obrigkeit wollte es der protestantische Linzer Herrenstand schon zeigen. Er hatte um die Mitte des 16. Jahrhunderts so viel Macht um sich gesammelt, daß er es sich leisten konnte, dem kaiserlichen *Linzer Schloß* (in dem sich heute ein umfangreiches volkskundliches Museum befindet) mit einem repräsentativen Gegenstück Konkurrenz zu machen. Das „Landhaus" sollte als Parlamentsgebäude dienen, das den imperialen Bau am Schloßberg in jeder Hinsicht an Prunkentfaltung übertraf. Aus diesem Grund wurde der Baumeister Christoph Canevale 1564 von den Landständen Ob der Enns beauftragt, anstelle des zerstörten Minoritenklosters ein Bauwerk zu schaffen, das alle Stükkeln der damals besonders aktuellen italienischen Renaissance spielte. Neben dem für diese Epoche typischen weiträumigen Arkadenhof erinnert auch der sechseckige Planetenbrunnen, eine Huldigung an das ptolemäische System, an den damaligen Zeitgeist. Vielleicht war es auch nur ein Vorzeichen für das, was noch kommen sollte: Denn schon wenige Jahrzehnte später entdeckte Johannes Kepler in Linz das dritte Planetengesetz.

Die Greinburg – ein „gslos an der Tunaw“

Der Kaiser selbst – es war Friedrich III. – gestattete den Brüdern Prüschenk 1483, sich ihren Herzenswunsch zu erfüllen und ein „gslos an der Tunaw“ – ein Schloß an der Donau – zu bauen. Die Jahreszahl der Gründung erblicken Eingeweihte übrigens auch, wenn sie während der Schloßbesichtigung wissen wollen, wie spät es ist: Sie steht nämlich auf der Sonnenuhr neben dem hl. Georg und seinem Drachen.
1621 wurde die Greinburg wesentlich erweitert. Die Bogengänge und der Innenhof tragen daher unleugbare Stilmerkmale der Renaissance. Daß von hier aus so manches Mal zum Halali geblasen wurde, dokumentieren die zahlreichen Jagdtrophäen an den Wänden der Arkadengänge.
Sehenswert ist neben dem Rittersaal des Schlosses auch der Weihnachtsaltar in der Schloßkapelle. Außerdem beherbergt die Greinburg auch ein „Schiffahrtsmuseum“, das die Donau-, Inn-, Enns- und Salzachschiffahrt vergangener Epochen lebendig werden läßt.

Weinberg – das Schloß zum Kefermarkter Altar

Hätte es die kunstsinnigen Herren auf Schloß Weinberg nicht gegeben, so könnte man heute auch nicht den berühmten Kefermarkter Altar (siehe „Kirchen und Klöster“) bewundern. Er wurde nämlich von den auf Weinberg ansässigen Zelkingern in Auftrag gegeben, einem sowohl gelehrten als auch kunstsinnigen Adelsgeschlecht.
Urkundlich ist das Schloß 1305 zum ersten Mal erwähnt. Zwei eherne Rundtürme und ein Hochturm mit Zwiebelhelm verleihen der Burg ihr charakteristisches Aussehen. Nach einem Brand im Jahre 1635 wirkten Bartolomeo Carlone und Künstler aus dem Altomonte-Kreis an der Wiederherstellung mit. Berühmt ist auch die Weinberger Schloßapotheke aus dem Jahr 1700. Sie ist allerdings heute im Linzer Schloßmuseum zu besichtigen.

Oben: Greinburg, Schloßhof; unten links: Greinburg, Rittersaal; unten rechts: Schloß Weinberg. – Above: Greinburg castle, inner courtyard; below left: Greinburg, Cavaliers' Hall; below right: Weinberg castle. – En haut: château de Greinburg, cour intérieure; en bas à gauche: château de Greinburg, salle des cavaliers; en bas à droite: le château de Weinberg.
Seite 33, oben: Burg Clam; unten: Clam, Schloßapotheke. – Page 33, above: Clam castle; below: pharmacy at Clam castle. – Page 33, en haut: le château de Clam; en bas: la pharmacie du château de Clam.

Von Burg Clam ist's nicht weit nach Damaskus
Es klingt wie ein schwerer topographischer Fehler. Wer sich in der Literaturgeschichte auskennt, weiß jedoch, daß es dennoch stimmt: Als der schwedische Dichter August Strindberg sich in dieser Gegend aufhielt, wurde er von der wildromantischen Clam-Schlucht, über der sich fast ein bißchen hochmütig die Burg Clam erhebt, zu seinen Dramen „Nach Damaskus" und „Inferno" angeregt. Clam ist jedoch keineswegs eine „infernalische" Festung, sondern eine der schönsten noch erhaltenen mittelalterlichen Burgen in Oberösterreich. Erbaut wurde sie um 1128, und sie überstand die Wirren der Kreuzzüge ebenso wie die Hussitenkriege und eine Belagerung des Ungarnkönigs Matthias Corvinus. Aus dem Geschlecht der auf Clam ansässigen Martinic stammte auch Graf Jaroslav Martinic, der 1618 mit einigen Schicksalsgenossen aus dem Prager Hradschin geworfen wurde und auf dem Misthaufen landete. Was wie eine Bauernposse klingt, war übrigens bitterer Ernst und läutete als „Prager Fenstersturz" den Dreißigjährigen Krieg ein.
Burg Clam, die heute noch weitgehend bewohnt ist, beherbergt auch ein Museum, das es sich ob seiner Kuriositätensammlung zu besichtigen lohnt: Hier findet man alles von der Sänfte der Gemahlin des Vizekönigs von Neapel bis zu einem Sessel aus dem Jahr 1558, der mit der Haut des Lieblingshengstes von Christoph II. von Clam bespannt ist.

Hohenbrunn.

Ein „hoher Brunnen“ statt einem „alten Pfaffen“

Ein Jagdschloß für die hohen geistlichen Herren des Stiftes St. Florian sollte Pfaffenhofen werden. Auf diesem Grundstück war J. B. Födermayr – damals noch in kleinen Verhältnissen – aufgewachsen, bevor er zum Propst von St. Florian aufstieg. Die sentimentale Erinnerung wurde ihm jedoch durch eine Kleinigkeit vergällt. Das Wort „Pfaffe“ war durch die Reformation in starken Mißkredit gekommen. Also nannte Födermayr das schmucke Vierkant-Schloß, das er 1725 bei keinem Geringeren als Jakob Prandtauer in Auftrag gab, kurzerhand „*Hohenbrunn*“.

Die Nachfolger Födermayrs scheinen an der Jagd indessen weniger Freude gehabt und sich wieder geistlicheren Verrichtungen zugewendet zu haben. Jedenfalls verfiel Hohenbrunn zusehends zur Beinahe-Ruine. 1961 begann man jedoch mit den Sanierungsarbeiten, die Hohenbrunn wiederherstellten und als Jagdmuseum der Öffentlichkeit zugänglich machten. Hier können Jäger und Heger eine weit über drei Meter lange Entenflinte ebenso bewundern wie eine Original-Armbrust aus dem 15. Jahrhundert. Doch auch Musikfreunde dürfen hier in Nostalgie schwelgen. An dem Bächlein, das hinter dem Schloß vorbeifließt, soll Franz Schubert nämlich zur Komposition seiner „Forelle“ inspiriert worden sein.

Neuwartenberg.

Neuwartenberg – eine Geste an den Kaiser
Weil Graf Johann Albrecht Saint-Julien seinen Kaiser – es handelte sich um Karl VI., der auf eine Stippvisite vorbeischaute – gebührend empfangen wollte, ließ er ihm kurzerhand ein Schloß errichten. 1732 entstand unter der inspirierten Bauleitung des Wieners Erhard Marinelli Schloß Neuwartenberg bei Vöcklabruck, für dessen Prunksaal Bartolomeo Altomonte die Kuppelmalerei beisteuerte. In der prunkvollen Bibliothek hängen wertvolle Kupferstiche nach Vorbildern von Holbein und Rubens. Napoleon, mit dessen erster Frau Josephine Beauharnais die heutigen Schloßherren von Neuwartenberg übrigens verwandt sind, hat hier bei seinem „Durchmarsch" durch Europa ebenfalls Station gemacht. Die beiden Duellpistolen, die er damals seinem Gastgeber zum Geschenk gemacht hat, sind inzwischen freilich verlorengegangen.

Schaumburg kommt von Schauen
Die Schaumburg bei Eferding heißt auch Schaunberg, und sie hat ihren Namen von der unleugbaren Tatsache, daß man von hier aus weit ins Land hinein„schauen" kann. 130 m hoch über dem Donaustrom hat man vom Bergfried an klaren Tagen eine imposante Aussicht bis tief hinein ins Salzkammergut. Die Schaumburg war zu ihren besten Zeiten im dreizehnten und vierzehnten Jahrhundert eine 16.000 Quadratmeter umfassende Burganlage auf dem Steilabbruch eines Waldrückens. Sie galt als so gut wie uneinnehmbar, und vielleicht war das auch der Grund, warum den Schaunbergern bereits vor 1160 die Aschacher Maut als Reichslehen verliehen wurde. Schließlich wurden „die zu Schaunberg" jedoch übermütig und strebten sogar nach der Landeshoheit. Das konnte sich Herzog Albrecht III. nicht gefallen lassen.
Er rückte mit einem Belagerungsheer an und umzingelte die Schaumburg drei Jahre lang. Erst in der letzten Phase der Belagerung kapitulierten die Schaunberger. Mit ihrer „goldenen Zeit" war's nun allerdings vorbei. Und die Burg, die später an das Haus Starhemberg überging, war zusehends dem Verfall preisgegeben.

Oben und gegenüberliegende Seite: Linz, Martinskirche. – Above and opposite page: Linz, St. Martin's church, Austria's oldest (8th cent.). – En haut et page opposée: Linz, église de Saint-Martin, la plus ancienne de l'Autriche (8ème siècle).

KIRCHEN UND KLÖSTER

Österreichs ältestes Gotteshaus

Sie stammt aus jener Zeit, als es Österreich noch gar nicht auf den politischen Landkarten gab: Die Linzer *Martinskirche,* 799 erstmals erwähnt, war ursprünglich eine Arkadenhalle und wurde dann zu Österreichs heute ältestem Gotteshaus umgebaut. Sie ist noch auf altrömischen Fundamenten errichtet und gilt mit ihrer gotischen Apsis als Muster karolingischer Bauweise und als steinerner Zeuge frühen Christentums. Der Freskenschmuck, der heute noch schwach erkennbar ist, stammt hingegen aus dem 15. Jahrhundert.

Oben links: Linz, Ursulinenkirche; oben rechts: Linz, Alter Dom. – Above left: Linz, St. Ursula's church; above right: Linz, old cathedral. – En haut et à gauche: Linz, Eglise de Sainte-Ursule; en haut et à droite: Linz, l'ancienne cathédrale.

Gegenüberliegende Seite: Linz, Dreifaltigkeitssäule mit Altem Dom. – Opposite side: Linz, Trinity column and Old Cathedral. – Page opposée: Linz, la colonne de la trinité et l'ancienne cathédrale.

Linzer Barockkirchen

Wenn Linz – wie die Fremdenverkehrswerbung es gerne behauptet – eine Barockstadt ist, so verdankt sie diese Ehre vor allem ihren Sakralbauten. Das wohl großzügigste Beispiel für barocke Architektur bildet die Jesusitenkirche hl. Ignatius, der sogenannte *Alte Dom.* Mit seinen doppeltürmigen Wandpfeilern, der prunkvoll-überladenen Innengestaltung mit schwerem Marmor und überbordendem Stuck sowie dem düsteren Chorgestühl bietet dieses Werk von Pietro Francesco Carlone ein imposantes Beispiel jesuitischer Machtentfaltung. Freundlicher wirkt da schon die *Minoritenkirche* des Linzer Baumeisters Johann Matthias Krinner, in dessen leichtfüßig-spätbarocker Architektur vor allem das Hochaltartafelbild von Altomonte sehenswert ist. Altomonte war übrigens auch für die *Stadtpfarrkirche* tätig, in der Herz und Eingeweide des in Linz verstorbenen Kaisers Friedrich III. ruhen. In dieser dreischiffigen Staffelkirche befindet sich mit der Nepomuk-Statue auch ein Frühwerk des Bildhauers Raphael Donner. Unter den zahlreichen anderen Barockkirchen von Linz ragen vor allem die ebenfalls von Krinner erbaute *Ursulinenkirche* sowie die von Johann Michael Prunner geschaffene *Karmeliterkirche* an der Landstraße hervor. Nicht ganz in dieses barocke Bild paßt der neugotische *Marä-Empfängnis-Dom,* dessen Turm ursprünglich noch höher werden sollte als der des Wiener „Steffl". Dagegen konnten die Wiener sich erfolgreich wehren. Daß Linz mit der Rudigier-Orgel eines der besten Instrumente des Landes besitzt, konnten (und wollten) sie freilich nicht verhindern.

Zwei Altäre, die die Welt bedeuten

Den Schöpfer des einen aus Holz geschnitzten Altarkunstwerks in Oberösterreich kennt man. Der andere wird ewig ein Anonymus bleiben. Doch für die Werke beider Künstler gilt: Der Pacher-Altar in St. Wolfgang und der Flügelaltar der Pfarrkirche zu Kefermarkt zählen zu jenen Kunstwerken, die Österreich Weltgeltung verschafft haben.

Dabei wäre der *Kefermarkter Altar,* der im 15. Jahrhundert in einer Höhe von 13,5 Metern aus Lindenholz geschnitzt wurde, der Gegenwart um ein Haar verlorengegangen. Daß wir heute noch die überlebensgroßen, an Veit Stoß gemahnenden Statuen des hl. Christophorus, des hl. Wolfgang und des hl. Petrus bewundern können, verdanken wir dem oberösterreichischen Dichter Adalbert Stifter. Er ließ den völlig verkommenen Altar gegen Ende der Biedermeierzeit restaurieren. „In unserem Lande“, schrieb Stifter damals, „sind mehrere geschnitzte Altäre. Sie sind zum Theile schon sehr beschädigt und drohen in kürzerer oder längerer Zeit zugrundezugehen. Da haben wir nun einen auf meine Kosten wiederhergestellt.“

Dem *Pacher-Altar* zu *St. Wolfgang* ist es da besser ergangen. Michael Pacher hat ihn – sein bedeutendstes Werk – im Alter von vierzig Jahren geschaffen. Das vergoldete Holzschnitzwerk zeigt auf der Innenseite der Tafeln das Leben Jesu, auf der Außenseite die Legende des hl. Wolfgang in minutiösen Schnitzereien. Michael Pacher hat an diesem Kunstwerk zehn Jahre seines Lebens gearbeitet.

 St. Wolfgang, Pacher-Altar. – St. Wolfgang, Michael Pacher's altar. – St. Wolfgang, l'autel de Michael Pacher.

Der Kefermarkter Altar. – The Kefermarkt altar. – L'autel de Kefermarkt.

Die Brucknerorgel. – The Bruckner organ in St. Florian's abbey. – L'orgue d'Anton Bruckner dans l'abbaye de Saint-Florien.

St. Florian und der Musikant Gottes

Wenn man von Linz aus ein paar Kilometer über sanfte, locker bewaldte Hügelkuppen fährt, so tauchen nach einer Weile in der Ferne die Barocktürme des Stiftes St. Florian auf. Formvollendet fügt sich das Stiftsgebäude mit der Kirche in den Hügel, den es am Steilhang durchbricht. Nicht umsonst haben die Oberösterreicher das Wort von der „musikalischen Architektur Prandtauers und der architektonischen Musik Bruckners“ geprägt. Sie sind die beiden künstlerischen Paten jenes Mammutklosters, das an der (angeblichen) Begräbnisstätte des hl. Florian um 800 n. Chr. errichtet wurde. Unweit von hier soll der Heilige ja wegen seines christlichen Glaubens mit einem Mühlstein um den Hals in der Enns ertränkt worden sein. Heute ist St. Florian eines der größten klösterlichen Kulturzentren Europas. Unter den wuchtigen Fresken des Marmorsaals im Südflügel des Stifts und zu den Klängen der imposanten Bruckner-Orgel in der Stiftskirche werden Konzerte des jährlich in Linz stattfindenden Bruckner-Festes veranstaltet.

Doch nicht nur Musikfreunde kommen in St. Florian auf ihre Rechnung, wenn sie zum Grab Anton Bruckners pilgern. Kunstfreunde schätzen etwa die berühmten Deckenfresken von Altomonte in der Herrensakristei. Sie bewundern die großzügige Linienführung in der 130.000 Bände umfassenden Bibliothek mit ihren 800 alten Handschriften, die zum Teil noch aus dem neunten Jahrhundert stammen. Und sie lassen sich durch die Altdorfer-Galerie, die größte bestehende Sammlung von Bildern des Künstlers, führen. Über St. Florian ist schon viel geschrieben worden. Aber um ermessen zu können, was es an Kunstschätzen birgt, sollte man es besser erleben.

St. Florian, Stiftshof. – St. Florian's abbey, inner courtyard. – L'abbaye de Saint-Florien, la grande cour.

Stift Kremsmünster. – Kremsmunster abbey. – L'abbaye de Kremsmunster.

Die Stimmzettel kommen in den Tassilokelch

Wenn die Mönche des Stifts *Kremsmünster* zur Abtwahl zusammentreten, so ist dies eine feierliche Zeremonie. Als Wahlurne dient der nach dem Stifter von Kremsmünster benannte Tassilokelch. Der Bayernherzog Tassilo III. hatte das Kloster nämlich 777 n. Chr. knapp an der Grenze zum damaligen Awarenreich gegründet. Aus dieser Zeit stammt auch der Kelch, der für Tassilos langobardische Gemahlin Liutpirc angefertigt wurde. Neben der Abtwahl wird er heute auch noch als Meßkelch bei der Patronatsfeier am 11. Dezember sowie am Gründonnerstag verwendet.

Die Kremsmünsterer Benediktiner haben im Lauf der Jahrhunderte viel Ungemach erlitten. So wurde das Kloster während des Ungarnsturms zu Beginn des 10. Jahrhunderts vollständig vernichtet. Seine größte Blütezeit erlebte Kremsmünster jedoch im Barock. Die Gestalt, die das Kloster damals bekam, trägt es bis heute. Und so können wir uns das machtvolle gegenreformatorische Wirken der Benediktiner heute noch vor Augen halten, wenn wir vor dem Hochaltar der Stiftskirche stehen, der wahrscheinlich von Prandtauer selbst entworfen wurde und in den Seitentrakten von Michael Zürns Engelstatuen gesäumt wird.

Über die traditionelle Funktion Kremsmünsters als Bildungsträger – hier wird auch heute noch unterrichtet – gibt die Kremsmünsterer Sternwarte Aufschluß, ein sogenannter „mathematischer Turm", zu dessen Observatorium 290 Stufen führen. Neben der beeindruckenden Bibliothek des Stiftes sind vor allem die von Carlone und Prandtauer gestalteten Fischbehälter des Klosters von Bedeutung. Sie werfen nicht nur ein bezeichnendes Licht auf die architektonische, sondern auch auf die nicht zu vernachlässigende kulinarische Kultur des damaligen Klosterlebens.

Der Tassilokelch (um 770). – The Tassilo chalice (about 770). – La calice dit de Tassilo (vers 770).

Stift Engelszell. – Engelszell abbey. – L'abbaye d'Engelszell.

Die Donauklöster

Klöster pflegten früher entweder an missionarisch wichtigen Grenzorten oder an Schnittpunkten des damaligen Gesellschafts- und Wirtschaftslebens zu entstehen. Die Donau war ein solcher Schnittpunkt, und da zahlreiche Mönche aus dem bayrischen Raum zur einzigen süddeutschen Universität nach Wien drängten, konnten die Donauklöster auch niemals über Nachwuchsmangel klagen.

Gleich hinter der deutschen Grenze liegt am linken Donauufer das Trappistenkloster *Engelszell*. Es wurde 1293 als Zisterzienserkloster gegründet und verkam in der Reformationszeit bis zur Bedeutungslosigkeit. Nach einem neuerlichen Aufschwung im Barock wurde Engelszell säkularisiert und ging in Privatbesitz über. Aus diesem kauften es die Trappisten 1925 und betreiben dort heute unter anderem auch ein Altersheim. Die von Altomonte ausgestattete Stiftskirche trägt unverkennbare Rokokomerkmale. Im Kapitelsaal findet man außerdem noch Reste gotischer Fresken aus dem 14. Jahrhundert. Neben den geistlichen ist Engelszell auch für seine „hochgeistigen" Errungenschaften bekannt: Hier wird ein vorzüglicher Klosterlikör gebraut.

Ein Stück weiter donauabwärts findet man am rechten Donauufer, kurz vor Linz, das Stift *Wilhering*. Die Stiftskirche gilt als „Rokokojuwel Österreichs" und wurde gemeinsam vom Linzer Baumeister Johann Haslinger sowie dem Theaterarchitekten Andreas Altomonte geschaffen. In der Ära des Josephinismus kamen auch die Wilheringer Zisterzienser in Schwierigkeiten. Wilhering erlebte jedoch im vorigen Jahrhundert eine zweite Glanzzeit und ist, ähnlich wie auch das Zisterzienserstift Schlierbach, berühmt für sein Gymnasium mit dem angeschlossenen Internat. Während Wilhering die Säkularisierung überlebte, blieb das im Strudengau gelegene Augustiner-Chorherrenstift *Waldhausen* vollends auf der Strecke. Der Klostertrakt ist heute längst verfallen. Nur die ehemalige Stiftskirche Mariä Himmelfahrt, die noch von Carlo Canevale begonnen wurde, ist uns erhalten geblieben. Sie gilt als Musterbeispiel einer frühbarocken Wandpfeilerkirche und beeindruckt durch die Carlone zugeschriebenen Stuckarbeiten sowie die opulenten Gewölbefresken, die möglicherweise von den Gebrüdern Grabenberger stammen. Im Gegensatz zu Wilhering und Engelszell liegt Waldhausen nicht direkt an der Donau, sondern im benachbarten Sarmingbachtal. Für Wasser ist an heißen Tagen dennoch gesorgt: Denn in unmittelbarer Nähe der Stiftskirche gibt es einen Badesee.

Stift Wilhering, Innenraum. – Interior of Wilhering abbey. – Detail de l'intérieur de l'abbaye de Wilhering.

Romanische Fresken aus Stift Lambach. – Romanesque frescoes from Lambach abbey. – Des fresques romanes de l'abbaye de Lambach

Zwei Barockjuwele im Trauntal

Die Geschichte des Stiftes *Lambach* reicht bis an die erste Jahrtausendwende n. Chr. zurück. Damals entschloß sich der Graf von Wels-Lambach, genannt „der Traungauer", die Burg Lambach in ein weltliches Kollegialstift umzuwandeln. Der spätere Ortsheilige von Lambach, der Bischof von Würzburg, machte bereits 1056 ein Kloster daraus und siedelte hier Benediktinermönche an. 1283 wurde die gesamte Klosteranlage schließlich zerstört. Das heutige Erscheinungsbild stammt aus dem 17. und 18. Jahrhundert, als das Traunstift barockisiert wurde. Die Stiftskirche ist für ihre schönen Gewölbe und Stuckarbeiten bekannt. Vom früheren Läuthaus des Westwerks führt eine Stiege zu den ältesten romanischen Fresken Österreichs, die das Leben Christi schildern und aus dem Jahr 1080 stammen. Sie erzählen von einem lateinischen Magierspiel und nehmen Bezug auf Ereignisse aus dem Alten und Neuen Testament. Sehenswert ist das Stiftsgebäude auch wegen des einzigen noch erhaltenen barocken Klostertheaters sowie des prunkvoll verzierten Sommerrefektoriums, dessen Stuckarbeiten von Carlone gestaltet wurden.

Spaziert man von Lambach die Traun etwa eine Viertelstunde flußabwärts, so erreicht man die idyllische Wallfahrtskirche von *Stadl-Paura*. Sie wurde vom Linzer Baumeister Johann Michael Prunner als kuppelgewölbter Zentralraum erbaut und gilt aufgrund ihrer originellen Dreiteilung als eines der bedeutendsten Barockbauwerke des Landes. Im Pfarrhof gegenüber der Kirche, einem ehemaligen Waisenhaus für die Kinder verunglückter Traunschiffer, wurde ein „Schiffleutmuseum" mit einer sehenswerten Dokumentation über Traun-Schifffahrt und Salzhandel erstellt.

Wallfahrtskirche Stadl-Paura. – Stadl-Paura pilgrims' church. – L'église de pelerinage de Stadl-Paura.

Hier schufen Pietro Francesco und Carlo Antonio Carlone eine großartige Wandpfeilerkirche mit zahlreichen Kapellen und großzügigen Emporen. Wuchtige Stuckarbeiten wechseln mit duftiger Ornamentik. Berühmt ist Schlierbach auch für den Bernhardi-Saal mit seinen zahlreichen Ölgemälden, Stuckarbeiten, Fresken sowie Kaminen und Türen aus reinem Marmor. Daß Schlierbach schon seit jeher ein Zentrum des Geisteslebens dieser Region war, dokumentiert auch das Gymnasium, das heute noch besten Ruf besitzt.

Altomontes Hauptwerk
Eines der Hauptwerke des Barockmalers Bartolomeo Altomonte kann man in der *Stiftskirche Mariä Himmelfahrt* in *Spital am Pyhrn* bewundern. Die „Himmelfahrt Mariä" in der Apsis überlebte im Gegensatz zu vielen anderen Altomonte-Fresken in dieser Kirche den Brand im Jahre 1841. Die Stiftskirche, die mittlerweile längst wieder in ihrem alten Glanz erstrahlt, gehört zu den bedeutendsten Barockschätzen Oberösterreichs.

Nach Schlierbach – nicht nur des Käses wegen
Kundige Hausfrauen kennen Schlierbach vor allem wegen des dort hergestellten gleichnamigen Weichkäses. Die Käserei befindet sich auch direkt im Kloster und sorgt dafür, daß man in den barocken Gemäuern des Zisterzienser-Stifts nicht nur den Duft der umliegenden Waldungen riecht. Schlierbach, 1355 als Nonnenkloster gegründet, und seit 1620 von Zisterziensern bewohnt, birgt jedoch auch zahlreiche nichtkulinarische Schätze:

Oben und unten links: Stift Schlierbach; unten rechts: Stiftskirche Spital am Pyhrn. – Above and below left: Schlierbach abbey; below right: Abbey church, Spital am Pyhrn. – En haut, et en bas à gauche: l'abbaye de Schlierbach. En bas à droite: L'église abbatiale de Spital am Pyhrn.
Gegenüberliegende Seite: Stift Reichersberg am Inn, Stifter-Grabstein. – Opposite page: Reichersberg abbey, founders' tombstone. – Page opposée: abbaye de Reichersberg, le tombeau des fondateurs.

Das Wahrzeichen der Innschiffer

Wenn man die Wasserstraße des Inns entlangfährt, so sieht man schon von weitem eines der geistigen Zentren des bayerisch-oberösterreichischen Raums: *Stift Reichersberg* grüßte die Salz-Schiffer schon seit dem 11. Jahrhundert von hoher Ufertrasse herab. Nach einem Brand im siebzehnten Jahrhundert wurde die Stiftskirche wieder neu errichtet. Bekannt ist der frühbarocke Saalbau vor allem durch die einfühlsame Rokokomalerei des Münchner Hofmalers Christian Wink.

Das Böhmerwaldstift

Schon zu Beginn des 13. Jahrhunderts wurden in den dichten Waldungen im Mühltal Mönche zu Rodungszwecken angesiedelt. Ein 1204 mit den Zisterziensern erfolgter Versuch mißlang. Die Prämonstratenser jedoch hatten wenige Jahre später Erfolg und bewirtschaften das Kloster *Schlägl* noch heute. Die Stiftskirche Mariä Himmelfahrt stammt in ihren Grundfesten bereits aus den Jahren 1242 bis 1260, wurde aber im 15. Jahrhundert gotisiert und erweitert. Auch das Zeitalter des Barock ging an dem basilikaähnlichen Langhaus nicht spurlos vorüber. Gemälde von Bartholomeo Altomonte, perfekt gearbeitete Schmiedeeisengitter sowie wie der barocke Hochaltar aus dem Jahre 1728 sorgen für einen überwältigenden Gesamteindruck des Kirchenschiffes. Neben der Stiftsbibliothek ist auch noch die romanische Krypta aus dem 13. Jahrhundert besuchenswert, die zu den ältesten Teilen des Klosters zählt.

Das sogenannte „Böhmerwaldkloster“ ist aber nicht nur als geistiges, sondern auch als Wirtschaftszentrum des Oberen Mühlviertels von Bedeutung. Eine zusätzliche Besonderheit: Es betreibt eine der beiden letzten Klosterbrauereien auf österreichischem Boden.

Pfarrkirche Christkindl. – Christkindl parish church, detail of the interior. – Eglise paroissale de Christkindl, detail de l'intérieur.

Ein architektonisches „Christkindl“

Immer wenn es Weihnacht wird, geht's in Christkindl bei Steyr rund. Hier steht nicht nur das berühmte Sonderpostamt Christkindl, sondern auch ein architektonisches Kleinod: Die barocke Pfarrkirche Christkindl wurde von Carlone und Prandtauer erbaut und ist für ihre Großraumwirkung bekannt, die sie trotz kleinster Ausmaße erzielt.

WÄLDER, WILDPARKS, NATURDENKMÄLER

Der Nordwaldkammweg – auf den Spuren Adalbert Stifters

In seinem Roman „Der Hochwald" hat Adalbert Stifter dem Böhmerwald ein literarisches Denkmal gesetzt. Vieles, woran Stifter sich noch erfreuen konnte, ist leider längst zweifelhaften „Segnungen" des technischen Fortschritts zum Opfer gefallen. Wer sich die Mühe macht, den berühmten Nordwaldkammweg entlangzuwandern, der wird jedoch nicht selten in der Natur vorfinden, was Stifter so überzeugend in Worte zu fassen verstand. Die gut ausgezeichnete Kammwegmarkierung erstreckt sich über 140 km. Und wer keine Siebenmeilenstiefel besitzt, sollte schon zwischen sieben und zehn Tage Gehzeit einrechnen. Ausgangspunkt dieses schönsten oberösterreichischen Wanderwegs ist der *Dreisesselberg* an der Grenze zur BRD und zur ČSSR. Berühmt ist der 1332 m hohe Berg für die prachtvolle Aussicht und seine Lage am *„Steinernen Meer"*, einer 10 Hektar großen Blockhalde von titanischen Ausmaßen. Über den *Hochficht* gelangt man zum eindrucksvollen *Moldau-Blick*, von dem aus man den berühmten Moldaustausee und den Stifter-Geburtsort *Oberplan* überblicken kann. Hauptort dieser Gegend ist *Aigen*, das vor allem durch das Böhmerwald-Stift Schlägl (siehe „Kirchen und Klöster") bekannt ist. Etwas weiter südlich liegt das Verwaltungszentrum des nördlichen Mühlviertels, *Rohrbach*, das man allein schon wegen seines Renaissance-Rathauses mit den charakteristischen „Fleischlauben" aus dem 16. Jahrhundert aufsuchen sollte.

Der Nordwaldkammweg „umgeht" diese beiden Orte jedoch auf waldreichen Pfaden und gelangt über den *Bärenstein* (1076 m) in den alten Webermarkt *Haslach*. Neben den mittelalterlichen Wehr- und Wachtürmen und dem freistehenden Glokkenturm der gotischen Pfarrkirche St. Nikolaus ist hier vor allem das Webereimuseum von überregionaler Bedeutung, in dem auf alten Webstühlen und Arbeitsgeräten eine längst verschwunden geglaubte Epoche zu neuem Leben erwacht.

Durch ein grünes Patchwork von Waldungen und Lichtungen, schmalen wildromantischen Pfaden und lauschigen Holzschlägen gelangt man über den 1125 m hohen *Sternstein*, der auch Skifahren ein Begriff ist, in den Kurort *Bad Leonfelden*. Er ist nicht nur für seine Moorbäder bekannt, sondern auch für eine oberösterreichische Spezialität: den Bad Leonfeldener Lebkuchen.

Weiter führt der Weg durch den alten Steinviadukt der ehemaligen Pferdeeisenbahn Linz–Budweis nach *Freistadt* (siehe Kapitel „Städte").

Bevor der Nordwaldkammweg im Gebiet des bereits in Niederösterreich gelegenen *Nebelsteins* endet, berührt er noch *Sandl*, einen der sehenswertesten Orte des Mühlviertels. Es ist nicht nur Wintersportlern längst vertraut, sondern auch ein echtes Zentrum der Volkskultur dieses Bundeslandes. Hier wird nämlich schon seit den Zeiten der Monarchie die Hinterglasmalerei auf höchstem Niveau betrieben. Und wenn man schon in Sandl ist, so sollte man es auch nicht versäumen, dem *Schloß Rosenhof* mit seinem schönen Badeteich direkt an der österreichischen Staatsgrenze einen Besuch abszustatten. Wer die Nordwaldkammwanderung bis hierher geschafft hat, der wird diese Erfrischung auch bitter nötig haben.

Blick vom Sternstein auf das obere Mühlviertel. – View of the upper Mühlviertel from the Sternstein hill. – Vue du Mühlviertel superieur de la colline du Sternstein.

*Plöckenstein, Mühlviertel. – The Ploeckenstein hill in the Muehlviertel. –
La colline de Ploeckenstein dans la région de Muehlviertel.*

Wildromantisches Oberösterreich

Oberösterreich ist ein Land der seltenen Gesteinsformen, der Erosionen und Gebirgsfaltungen. Es ist daher reich an Klammen und Höhlen, die keinesfalls „nur" für den Geologen oder für den Höhlenforscher von Interesse sind.

Die längste und schönste Klamm Oberösterreichs ist die *Dr.-Vogelsang-Klamm,* die sich südlich von Spital am Pyhrn (siehe auch „Kirchen und Klöster") fast einen Kilometer lang zwischen gischtigen Sturzbächen und senkrecht aufragenden Schluchtsystemen ins Bosruck-Massiv hineingräbt. Von ähnlicher, an Webers Oper „Der Freischütz" gemahnender Romantik sind auch die *Klam-Schlucht* bei Grein, die *Trattenbachklamm* bei Ternberg und die *Burggrabenklamm* bei Weissenbach am Attersee.

Eines der schönsten Naturdenkmäler Oberösterreichs sind die weltberühmten *Dachstein-Eishöhlen.* Man erreicht sie von Obertraun am Hallstätter See aus mit einer Seilbahn und fühlt sich gleich nach dem Eintreten beinahe in einen Fantasy-Film hollywoodscher Prägung versetzt. Kleine Gletscher und kuppelartige Gewölbe wie der „Gralsdom", der „Tristan-Dom" oder der „König-Artus-Dom" wetteifern mit idyllisch gelegenen Eisseen und pittoresken Eiszapfengebilden um die Gunst des Betrachters. Eine kunstvolle Beleuchtung verstärkt den Eindruck von märchenhafter Unwirklichkeit. Höhepunkt des zwei Kilometer langen Höhlen- und Grottensystems ist die Mammuthöhle, die auf einem Vertikalraum von nur 300 Metern ein eindrucksvolles Gewirr von Schächten, Klippen, Spalten und Schluchten vierstöckig übereinandergeschachtelt. Verstärkt wird die Beliebtheit der Dachstein-Eishöhlen aber auch dadurch, daß sie in einem der schönsten und schneereichsten (Winter-sport-)Gebiete ganz Oberösterreichs zwischen *Krippenstein* und *Gjaidalm* gelegen sind.

Mufflons, Brachvögel und Murmeltiere

Flora und Fauna in Oberösterreichs Naturschutzgebieten besitzen Seltenheitswert. So etwa präsentiert sich das *Naturschutzgebiet Pesenbachtal* hinter *Aschach* als naturbelassene Wildwasserlandschaft zwischen ausladenden Waldrücken. Hier findet man seltene Pflanzen und im Spätsommer, wenn's geregnet hat, auch ganze Heerscharen von Herrenpilzen und Eierschwammerln. Nicht nur für Biologen ist auch das *Ibmer Moos* in der Oberinnviertler Seenplatte eine wahre Fundgrube. Legföhren, Fettkraut und Sonnentau ermöglichen eine anschauliche Expedition durch das Pflanzenreich. Das große Hochmoor sorgt aber auch für eine erlesene Fauna mit Brachvögeln, Bekassinen und Reihern, die man von den Moorlehrpfaden und Moorwanderwegen aus beobachten kann. Das Ibmer Moos ist aber auch ein beliebtes Urlaubsparadies. Immerhin sind der *Holzöstersee,* der *Heratinger See* und *der Seeleitner See* drei der wärmsten Badeseen in ganz Oberösterreich.

Wer veritable Waldesbewohner den Sumpfvögeln und Moorhühnern vorzieht, der ist freilich im *Cumberland-Wildpark* bei *Grünau* im Almtal besser aufgehoben. Auf mehr als einer halben Million Quadratmetern tummelt sich hier Rot-, Schwarz- und Steinwild. Mit etwas Glück sieht man auch Bären, Wölfe, Luchse oder Fischottern, und hoch über den Wäldern breiten Raubvögel ihre Schwingen über die Landschaft.

Wie das Register eines Naturgeschichtsbuches nimmt sich auch die „Einwohnerschaft" des *Wildparks Altenfelden* im südlichen Mühltal aus. Neben einer großen Steinbockkolonie traben hier auch noch Wildpferde durch die Waldungen. Auerochsen, Antilopen, Bisons und Nandus kann man hier ebenso bewundern wie Murmeltiere, sibirische Rehe, Uhus und Luchse. Und zur Winterszeit kommen passionierte Langläufer auf der 10 km langen, gutausgebauten Loipe (mit Langlaufskiverleih) voll auf ihre Rechnung.

Zu den jüngsten oberösterreichischen Tier- und Wildparks zählen *Schmiding bei Wels* sowie *Rosleiten bei Windischgarsten.* Schmiding ist für sein einzigartiges Vogelparadies bekannt und der bei weitem größte Vogelpark in ganz Österreich. 2000 Vögel repräsentieren über 250 Vogelarten aus allen Kontinenten. Ein 3 km langer Weg führt romantisch durch liebevoll angelegte Freigehege und vorbei an Österreichs gewaltigstem Großflugkäfig mit seinen stolzen Geiern und anderen gewichtigen Bergvögeln. Ein besonders für Kinder interessanter Teil des 80.000 m^2 großen Areals ist auch der eigens für junge Besucher angelegte Erlebnispark.

Der jüngste oberösterreichische Wildpark findet sich in *Rosleiten.* Rund um das Enghagen-Gut gibt es hier vor allem einheimische Tiere zu bewundern, die sich sonst unter dem Schutz tiefer Wälder vor den Menschen versteckt halten. Ein Lehrpfad ermöglicht es Interessierten, sich nicht nur über die heimische Fauna, sondern auch über Flora und Gesteinsformen dieses Gebiets ein Bild zu machen.

Burg Vichtenstein. – Vichtenstein castle. – Le château de Vichtenstein.

Landschaft im Sauwald. – The Sauwald country. – Le paysage du Sauwald.

Wo einst der Bischof auf Sauhatz ging

Die Passauer Bischöfe waren dafür bekannt, daß sie zu leben verstanden. Einladungen zur bischöflichen Jagd im „Passauer Wald" waren daher ein begehrtes Privileg. Heute ist dieser Wald südöstlich von *Vichtenstein* und westlich von *Engelhartszell* vor allem als *„Sauwald"* bekannt, benannt nach dem Wildschweinreichtum dieser Region.

Die Hügellandschaft des Sauwalds ist durchschnittlich 500 bis 600 m hoch und zählt zu den am dünnsten besiedelten Landstrichen Oberösterreichs. Nicht zuletzt deshalb sind die weiten Feldgebiete mit ihren Waldrücken und baumreichen Talsohlen besonders als Urlaubsgebiet geschätzt. Hier lassen sich „wanderbare" Urlaubswochen in einer Ferienlandschaft verbringen, die noch den Ehrentitel „unberührt" verdient. Der Hauptort des Sauwalds ist *Münzkirchen* mit seiner im Kern gotischen, jedoch barockisierten Pfarrkirche. Die Ortschaft *Freinberg* ist vor allem wegen ihres sehenswerten Wildparks bekannt, über dessen Gehege romantische Brücken führen. Von *Natternbach* aus kann man einen lohnenden Ausflug auf den *Jungfraustein* mit seinen pittoresken Wackel- und Schaukelsteinen unternehmen, über dessen Massiv eine alte Römerstraße führte. Und von *Oberesternberg* ist es nicht weit zum *Schloß Krempelstein,* das auch als „Schneiderschlößl" bekannt ist. Hier soll nämlich nach einer alten Sage, die August von Platen auch in einem seiner Gedichte beschrieben hat, ein Schneider, der eine tote Ziege in die Donau werfen wollte, mit in die Tiefe gerissen worden sein.

Feste feiern, wie sie fallen

Den Bewohnern des Alpenraums sagt man nach, sie seien sogenannte „Krawallschuster". Wo immer gefeiert wird, da kracht's. Das gilt wohl auch für Oberösterreich. Ob Hochzeit oder Taufe, ob Kirtag oder Fastnacht, da krachen die Böller und da knallen die Peitschen beim „Aperschnalzen". Dieser ursprünglich aus dem Salzburgischen stammende Brauch leitet heute noch bei den Linzern das neue Jahr ein. Die Linzer mögen sich ja vom mittelalterlichen Landkreisstädtchen kilometerweit entfernt haben – für altes Brauchtum haben sie noch allemal etwas übrig. Und daher wird auch am Vormittag des ersten Jänner Jahr für Jahr vor dem Landhaus „mit der Peitsche regiert." Besonders um die Jahreswende besinnen sich die Oberösterreicher auf ihre alten Traditionen. Es gibt kaum einen größeren Ort, der nicht auf romantischen Weihnachtsmärkten in stillen Hinterhöfen alte und neue Volkskunst feilböte. Und gerade um das weihnachtliche Krippenbrauchtum ist es im „Land ob der Enns" bestens bestellt. In Bad Ischl gibt es sogar jedes Jahr ein eigenes Krippenspiel, das auf die Lambacher und Kremsmünsterer Tradition des „Weihnachtsspylls" aus dem 17. Jahrhundert zurückgeht. Jede Kirche hält sich etwas auf eine besonders kunstvoll geschnitzte Weihnachtskrippe zugute. Und nicht nur in Ebensee finden Jahr für Jahr eigene Krippenausstellungen statt.

Berühmt ist Oberösterreich – und da besonders das Salzkammergut – auch für seine Fastnachts- und Faschingsbräuche. „Alle guaten Geister lobn Gott den Herren", schrieb Paula Grogger einmal über die Tradition des Glöcklerlaufs. „Leutln schauts her, es kimt was von fern! In schneewiger Weiten tuats glöckeln und läuten." Beim Glöcklerlauf tragen die Glöckler weiße Hemden und weiße Hosen. Auffallend sind sie jedoch vor allem durch die kunstvoll gestalteten und bemalten „Lichtkappen", mit denen sie durch die Straßen ziehen und mit Kuhglocken den Fasching einläuten. Die dankbare Bevölkerung spendet ihnen Most und „Glöcklerkrapfen", bäuerliche Vorläufer des bürgerlichen „Faschingskrapfens". Eng verwandt mit den Glöcklern sind auch die Perchten, die für den Faschingskehraus sorgen. Mit ebenso grausigen wie skurrilen Masken wird der Ebenseer „Fetzenlauf" (auch: „Parapluie-Marsch") Jahr für Jahr zum Schrecken der Kinder und zur Freude der Touristen durchgeführt.

Aber auch nach der Faschingszeit steht das oberösterreichische Brauchtumsrad nicht still. Hier wird man noch den alten Brauch der bäuerlichen Sonnwendfeiern finden, bei denen der „Sunnawendhansl" verbrannt wird und Sonnwendkrapfen aus Straubenteig gegessen werden. Während hier noch die heidnischen Vorfahren fröhliche Urständ feiern, haben die Oberösterreicher es freilich auch blendend verstanden, christliches Brauchtum zu kultivieren: Einer der Höhepunkte des Kirchenjahrs ist traditionell die Fronleichnamsprozession auf dem Hallstätter See. Mit dem „Himmel", einem Meer von Fahnen und der Monstranz begibt sich der ganze Zug auf Boote, Zillen, Kähne und Plätten. Es gibt eine „Sakramentsfuhre" und ein „Musikschiff", auf dem die Kirchenlieder intoniert werden. Vom Ufer her läuten die Glocken und knallen die Böller, während der Priester vom See aus die Gläubigen segnet, die freilich längst nicht mehr nur Einheimische, sondern auch Touristen aus aller Welt sind . . .

Die große Schwanthaler-Krippe (18. Jh.) in Altmünster. – The big crèche created by Thomas Schwanthaler, 18th cent., Altmunster. – La grande crèche exécutée par Thomas Schwanthaler au 18ème siècle, Altmunster.
Gegenüberliegende Seite: Weihnachtskrippe aus Steyr. – Opposite page: Christmas crèche from Steyr. – Page opposée: crèche de Noël provenant de Steyr.

Linzer Goldhaube. – Women's „Gold cap", traditional headgear from Linz. – Le „bonnet d'or", coiffure traditionelle de Linz.

Goldhauben, Jodlhüte, Dirndlröcke

Die tiefe Verwurzeltheit der Oberösterreicher in ihren Bräuchen und Traditionen schlägt sich auch in ihrer Liebe zur oberösterreichischen Tracht nieder. Auch in den größeren Städten wie Linz, Wels oder Steyr prägen Dirndlkleider und Trachtenanzüge ebenso das Straßenbild wie Jeans oder Businesskluften.

Die oberösterreichischen Trachten reichten in ihrer Geschichte bis in graue Vorzeit zurück. Schon um 700 v. Chr. kleideten sich die Menschen der Hallstattkultur mit Ledergamaschen, Leibröcken und mützenartigen Kopfbedeckungen. In der Römerzeit trugen die Frauen bereits „norische Hauben". Und in der Tat sind es ja gerade die Kopfbedeckungen, die für Oberösterreichs Tracht so besonders charakteristisch sind. Auf alten Bildern findet man häufig die Darstellung breitkrempiger „Jodlhüte" aus weißem oder braunem Filz, wie sie gerne zu Bauernhochzeiten und anderen Festlichkeiten getragen wurden. Bis in die heutige Zeit erhalten hat sich aber vor allem die berühmte „Linzer Goldhaube", die etwa 1815 in Mode kam und keineswegs nur in Linz, sondern in Salzburg genauso wie in Bozen oder Marburg getragen wurde. Ebenso wie die „typische oberösterreichische Nationaltracht" mit der schwarzen taillierten Samtjacke, der schwarzen Seidenschürze und dem weiten, in dunklen Tönen gehaltenen Dirndlrock weit über Oberösterreich hinaus die Trachtenmode beeinflußte.

Zentrum oberösterreichischer Trachtenkultur ist heute noch das „Heimatwerk" in Linz, wo man während der letzten Jahrzehnte mehr als 250 verschiedene Variationen oberösterreichischer Tracht zu neuem Leben erweckt hat.

Eine oberösterreichische Jause: G'selchtes und Most. – Tea-time, Upper Austrian style: smoked pork and cider.
Une casse-croute typique de la Haute Autriche: du porc fumé et du cidre.

Essen und Trinken

„Essen und Trinken hält Leib und Seel z'samm!" – Mit diesem Wahlspruch sind die Oberösterreicher im Lauf der Jahrhunderte stets recht gut gefahren und haben sich eine ebenso deftige wie kräftige Regionalküche zugelegt.

In ihrem Zentrum steht ohne Zweifel der Knödel, der – je nach Reichtum des jeweiligen Landstrichs – mit oder ohne Fülle zubereitet wird. Der „Knödeltag" ist in Oberösterreich mindestens so wichtig wie der „Zahltag". Und da man nicht nur für „Jaus'nzwecke" einen ausgezeichneten Speck zuzubereiten versteht, dürfen Speckknödel hier als besondere Spezialität gelten, denen die „Grammelknödel" freilich erheblich Konkurrenz machen.

Als oberösterreichische Nationalkost aber muß man das „G'selchte mit Kraut und Grießknödeln" ansprechen. Dazu paßt am besten ein Krug Most, aus Mostäpfeln oder „Landbirn" gepreßt, oder ein Krügel Bier. Da Oberösterreich ein Land der Kleinbrauereien ist, hat fast jeder Oberösterreicher „sein" persönliches Lieblingsbier, das ihm mitunter auch einen erheblichen Umweg wert ist, weil man nicht überall jedes Bier bekommt.

Musiker. – Musicians. – Les musiciens.

G'sungen und g'spielt

Der Oberösterreicher ist ein sinnenfroher – und daher auch ein musikalischer Mensch. So hat er sich bis heute ein breites Volksliedgut erhalten. Ob Polka oder Jodler, „Landler" oder „Schleuniger", ob „Almerer" oder „G'stanzeln" – die oberösterreichische Volksmusik kennt zahllose „Spielarten", solange sie nur „richtig" – das heißt mit Knopfharmonika, Baßgeige, Zither, Hackbrett oder Maultrommel – intoniert wird. Elektronisch verstärkte Instrumente oder Akkordeone mit Klaviatur haben in der echten Volksmusik dieses Bundeslandes hingegen nichts verloren. „Im Salzkammergut, da kann mer guat lustig sein", heißt es in einem alten Volkslied dieser Region. Da müßten sich die Bewohner der anderen Teile Oberösterreichs freilich mit Recht beschweren. Denn diese Maxime gilt wirklich fürs ganze Bundesland.

OBERÖSTERREICH AUF EINEN BLICK

1. Sehenswerte Stadt- und Ortsbilder
Braunau, Eferding, Enns, Freistadt, Hallstatt, Haslach, Linz, Obernberg, Ried, Rohrbach, Schärding, Steyr, Vöcklabruck, Wels, Weyer-Markt

2. Burgen und Schlösser
Alt-Pernstein, Clam, Grein, Hohenbrunn, Klaus, Krempelstein, Linzer Landhaus und Schloß Schaumburg, Rosenhof, Weinberg

3. Kirchen und Klöster
Hl. Stephan, Braunau; Christkindl bei Steyr; St. Hippolyt, Eferding; Engelszell, Pfarrkirche Enns; Basilika hl. Laurentius, Lorch; Stadtpfarrkirche, Freistadt; Stiftskirche Garsten; St. Wolfgang, Kefermarkt; Kremsmünster; Lambach; Mariä-Empfängnis-Dom, Alter Dom, Minoriten-, Karmeliten-, Stadtpfarr- und Martinskirche, Linz; St. Florian; Reichersberg; Peter und Paul, Ried; Pfarrkirche St. Wolfgang; Schlägl; Schlierbach; Spital am Pyhrn; Stadtpfarrkirche Steyr; Traunkirchen; Waldhausen; Stadtpfarrkirche Wels; Wilhering

4. Museen
Bad Ischl (Lehár-Museum, Kaiservilla); Enns (Stadtmuseum); Freistadt (Mühlviertler Heimathaus); Grein (Schiffahrtsmuseum); Hallstatt (Heimatmuseum, Salzbergwerk); Haslach (Webereimuseum); Kremsmünster (Schatzkammer und Bibliothek); Linz (Schloßmuseum); Losenstein (Nagelschmiede im Heimatmuseum); St. Florian (Jagdmuseum Hohenbrunn); Obernberg am Inn (Heimathaus); Reichersberg (Stiftsmuseum); Ried im Innkreis (Heimathaus); Schärding (Städtisches Museum); Schwanenstadt (Heimatmuseum); Stadl-Paura (Schiffermuseum); Steyr (Heimathaus); Vöcklabruck (Heimatmuseum); Wels (Stadtmuseum); Zwickledt (Kubin-Haus)

5. Naturdenkmäler
Bad Goisern (Schwarzenbachloch, Höllenloch); Cumberland-Wildpark (bei Grünau im Almtal); Dachsteinhöhlen (bei Obertraun); Dr.-Vogelsang-Klamm (bei Spital am Pyhrn); Ibmer Moos; Jungfraustein (bei Natternbach); Klamschlucht (bei Grein); Pesenbachtal; Schlögener Schlinge; Steyr-Durchbruch; Traunfall; Trattenbachklamm (bei Ternberg); Wildparks Altenfelden, Freinberg und Hochkreut

6. Veranstaltungen
Bad Ischl (Operettenfestwochen, Krippenspiel); Ebensee (Glöckler- und Fetzenlauf); Frankenburg (Frankenburger Würfelspiel); Hallstatt (Fronleichnamsprozession); Linz (Int. Bruckner-Fest); Ried (Rieder Messe); Wels (Welser Messe)

7. Bergbahnen
Katrin-Seilbahn Bad Ischl; Feuerkogel-Seilbahn Ebensee; Grünberg-Seilbahn Gmunden, Gosaukammbahn; Salzberg-Seilbahn Hallstatt; Hutter-Höß-Seilbahn Hinterstoder; Bärenalm-Bahn Hinterstoder; Pöstlingbergbahn Linz; Dachstein-Seilbahn Obertraun; Schafbergbahn St. Wolfgang; Pyhrn-Seilbahn Spital am Pyhrn

8. Kurorte
Altmünster, Bad Goisern, Bad Hall, Bad Ischl, Bad Kreuzen, Bad Leonfelden, Bad Schallerbach, Bad Weinberg, Bad Wimsbach-Neydharting, Bad Zell, Gmös, Mühllacken, Schärding

9. Flughafen
Hörsching (14 km südwestlich von Linz)

Die Farbabbildungen stammen von folgenden Photographen: Dr. Lothar Beckel, Bad Ischl (Seiten 20, 24 o.); Bundesdenkmalamt, Wien (Seite 40); Chemie Linz AG, Linz (Seite 6 r. u.); E. Dorninger, Linz (Seiten 5, 28); Franz Gangl, Linz (Seite 3 M.); Josef Gottfried, Wien (Seiten 46, 56); Franz Hubmann, Wien (Seiten 2, 3, 6, 7, 8, 9, 10, 13, 16, 19, 21, 22, 23, 25, 26, 27, 30, 31, 32, 36, 37, 38, 39, 41, 42, 43, 48, 50, 52, 53, 57, 58, 59, 60, 61, 62); Johann Kräftner, Wien (Seite 25 o.); Photo Kranzmayr, Steyr (Seite 52 u.); Barbara Opferkuch, Linz (Seite 57); Peter Peter, Linz (Seite 4); Fred Pühringer, Lambach (Seite 17); Georg Riha, Wien (Seiten 18, 24 u.); Gerhard Trumler, Wien (Seiten 12, 14, 15, 29, 33, 34, 35, 44, 45, 47, 49, 50, 51, 54, 56, Einband); Wels, Fremdenverkehrsamt (Seite 11).

Die Luftaufnahmen der Seiten 20 und 24 wurden unter folgenden Nummern freigegeben: 13.080/591-1.6/80, 7763/rabt b/74 und 13.080/520-1.6/83.

2. Auflage

Das Einband-Bild zeigt einen Blick auf Hallstatt und den Hallstätter See.

Die Abbildungen auf Seite 2 zeigen von oben nach unten bäuerliche Architektur aus dem Innviertel, dem Salzkammergut und dem Mühlviertel; die auf Seite 3 von oben nach unten eine Voralpenlandschaft bei Kremsmünster; das Nordportal des Landhauses in Linz; den Almsee.

Die graphische Gestaltung des Werkes erfolgte durch Christian Brandstätter, die technische Beratung durch Rudolf Metzger.

Das Buch wurde beim O.Ö. Landesverlag Ges.m.b.H. in Linz gedruckt und gebunden. Die Reproduktion der Abbildungen erfolgte bei C. & E. Grosser in Linz, gesetzt wurde in der Walbaum, 10 auf 10 Punkt, in der RSB Fotosatz Gesellschaft m. b. H. in Wien.

ISBN 3-85447-125-4

Christian Brandstätter Verlag & Edition Gesellschaft m. b. H. & Co. KG ·
A-1080 Wien, Wickenburggasse 26 · Telephon (0222) 48 38 14-15.